讓你一切

變得更簡單

U0059844

CHAPTER

3　催眠、誘導與攻心，透視他人內在的讀心術

結語

序

「有沒有一種方法，

可以快速且神奇地改變我們的人生？」

「有，答案就是 NLP ！」

　　NLP 神經語言程式學（Neuro-Linguistic Programming），
屬於臨床心理學的一門，在世界各地已被廣泛運用於商業
溝通、企業培訓、成功學策略及心理治療等領域。

　　「人際溝通」似乎是個嚴肅的詞，說得輕鬆點，其實
就是日常生活上的溝通。任何形式的人際互動，包括公司
同事、親朋好友、家庭關係、領導階層等，就連上菜市場
買個菜也都需要溝通，因此人人都需要學習溝通的技巧。
溝通技巧五花八門，其中最有趣也最有用的方法就是
NLP，任何人都可以藉由 NLP 的技巧，輕鬆成為人見人

愛的「溝通高手」，而且 NLP 更了不起的是，它對於情緒管理、提升內在更是有一套，你不必再把自我激勵的小冊子帶在身上，因為 NLP 會直接讓你成為成功製造機。

所謂「溝通的品質」乃建立在相互尊重的基準上，這也是溝通大師們的基本認知，因此站在同理對方的立場，保持一顆好奇的心，有效發揮 NLP 技巧，相信絕對能輕鬆談成一筆生意、完成一份企劃，甚至當個有魅力的管理人。

希望各位能將書中所示範的技巧，實際運用於日常生活，因為唯有實做才能打開進步的門，再多的理論與知識，僅是紙上談兵，唯有身體力行才能體會箇中巧妙。

NLP 並非一項技能，更不是一門宗教，它給予我們的不是標準答案，而是引導我們探索更多，並運用自己的內在資源去完成夢想，成就獨一無二的豐富人生。

1
CHAPTER

開啟知識的大門，
學習高效率的溝通法則

○什麼是 NLP ？

全球已有幾百萬人因為 NLP 而受惠，蘇聯前領導人戈巴契夫、美國前總統比爾‧柯林頓、投資管理名人喬治‧索羅斯、《富爸爸，窮爸爸》作者羅勃特‧清崎及更多成功人士，皆在 NLP 的幫助下脫離困境、成就夢想。

理察‧班德勒（Richard Bandler）與約翰‧葛瑞德博士（John Grinder）所共同提出的新興心理學理論，主要是結合**「心理學」**與「語言學」精華之大成，對於**人際溝通、心理治療、企業管理、自我提升、實踐目標**等範疇皆可有效運用。

NLP 起源於 70 年代中期，於美國加州大學 Santa Cruz 分校所創立，當時還是該校學生的理察‧班德勒，因不滿當時傳統冗長的心理學治療過程，於是找了同校的語言學副教授約翰‧葛瑞德，共同研究並集合時下各心理學派大師的菁華，有完形治療的弗律茲‧培爾斯（Fritz Perls）、家族治療的維吉尼亞‧薩提爾（Virginia Satir）、語言學大師葛瑞利‧貝特森（Gregory Bateson）以及催眠治療大師米爾頓‧艾瑞

克森（Milton Erickson），兩人利用攝影機錄下各門派大師的診療過程，並針對其語言模式及診療手法展開研究，最後彙整出一套系統化且超實用的應用理論，這就是NLP的發展開端。

NLP的初登場治療是用於創傷後精神緊張性障礙（PTSD）的越戰退伍軍人身上，其障礙的主要症狀包括：性格轉變、情感麻木、睡眠障礙、逃避回憶、過度緊張等，然而在NLP的快速療程下，個案的情況大為好轉且毫無後遺症。NLP是如何辦到的？它為什麼會如此有用？我們先從NLP字面上的意思來解讀：

N＝Neuro：指的是「**神經系統**」，人類用「**五感**」接收並感知這個世界，所謂「五感」就是**Visual 視覺（影像畫面）**、**Auditory 聽覺（聲音）**、**Kinesthetic 觸覺（身體感受）**、**Olfactory 嗅覺（氣味）**與**Gustatory 味覺（味道）**，人類在經驗事物與處理內在過程時，皆使用五感來做為判斷，並讓大腦標籤、定義其抽象感受。

L＝Linguistic：即「**語言**」，這裡指的語言同時包含

了「口語」及「非口語」訊號；簡單來說，就是口頭上及身體上的**「雙重訊號」**，外在與內在的多層次交流。想提升個人價值與增強人際溝通，其關鍵就在語言層級上的運用，我們將Neuro-Linguistic組合起來，就是代表著大腦處理視覺、聽覺與觸覺的神經語言了。

P＝Programming：如同電腦的「**程式鏈**」，人類的所有行為、成功策略與思考模式，會在大腦儲存成一條條的腦內過程，好比電腦的程式語言一樣，具規律且有跡可循，所以我們可以利用 NLP 的「成功策略法」，有效複製卓越人士的「內在核心思維」，了解成功人士的信念與思維，也能將造成負面反應的腦內程式汰換更新。

人類的所有經驗、成功策略及情緒變化，大腦會轉譯為一種神經語言，一條存於腦海中的內在感元神經鏈，當再次面臨必須的時刻，其程式鏈就會發揮強大的功能，把上次學習到的方法運用於下次的經驗中，因此大腦的學習過程之快，就連世界上最強大的超級電腦都自嘆不如。

為什麼我需要 NLP ？

　　說到「人際溝通」，多半讓人聯想到的，不外乎是人際互動、說話技巧，然而這僅是狹義的「對外」人際溝通，若以更開放的觀點來定義，所有資訊的「交換」都可以視為溝通的一部分；說到這兒，或許你已經可以明白，我們所要討論的，不單只是「個體」以外的資訊交換，每個人更應該要學習的，是如何與內在的自我溝通，說得白話一點，就是要學著去控制自己的大腦。這麼做有幾個好處，你可以盡情許下長久以來的心願，也可以有效訓練自己成為識破人心的高手，你可以在腦海裡構築屬於你的夢想，然後等著潛意識來完成它，你不必多做什麼努力，只管設下你的目標；當然，你也可以藉此來除去惡習、擺脫負面情緒的束縛，讓人生不再只是漫無目地的活著。

　　你長久以來的夢想是什麼？你有多少次滿腔熱血地許下心願，卻又一次次地讓夢想溜走？你在意識上盡了最大的努力，卻還是讓計畫告吹？這全是因為你忽略了內在溝

通的這個環節，因為意識層面可以理解的僅是書面、文字、理論等，具理性與邏輯性的訊息；然而潛意識卻不管這些，它所掌管的是直覺、非邏輯性的訊息，這也就是為何越怪誕荒唐的事件，你記得越清楚的原因，好比廣告裡的女星喊著「殺很大！」你只需要看一次就記住了，然而裡面的商品到底是什麼？恐怕就得仔細想一下。所以你發現了嗎？那些廣告用如此無厘頭的方式拍攝，並不是為了你，而是針對你的潛意識，這就是所謂的「**潛意識行銷**」，**如果你想真正發自內心去行動，想要貫徹始終一項計畫，就必須順著潛意識的管道去輸入指令，對你的潛意識做出強而有力的行銷**，如同那些荒唐廣告對你做的事一樣，而行銷的管道就是前面所提到的「**五感**」。

我們就來做個實驗，現在你閉上眼睛回想，你目前最想做的事情是什麼？而且先拋開現實條件的束縛，想著你正在進行那件你想做的事。可別太過邪惡啊！免得高興過了頭。你想像你置身該情境中，眼前出現了哪些情境？該情境出現了哪些聲音？你自己的對話嗎？還是周遭對你的

評價？抑或是些許的環境音？正在做該事的你感覺如何？是抬頭挺胸還是彎腰駝背？呼吸是緩慢還是急促？留意這些細節並仔細去感受它，好！你現在張開眼睛，是否有種恍如隔世的感受？你剛才已經給了大腦一種感受，一種「你已經去做該事」的感受，也許很快樂，也許是一償宿願的爽快感，無論如何，這都是對大腦輸入「我要這種感受」的指令。

　　這僅是牛刀小試而已，所謂內在溝通，應該將情境盡可能描繪得詳細，藉由這些五感的數據輸入，就能輕鬆對潛意識做宣傳行銷。我身邊那些高竿的溝通者，大多有個特點，他們善於想像與留意細節，而這就是培養與潛意識溝通的要素。不妨問你個問題，回想一件足以讓你開心的回憶，與另一件讓你不開心的經驗，兩者的畫面有何不同？亮度與清晰度呢？而這就是所謂的「五感數據」細節。

　　溝通不該只有討論如何說話，因為對方的心態，與自己說出該話的心態，決定著言語的影響力，若一味地將重點擺在操控、愚弄，當萌生這類想法的同時，自己也會掉

入了愚昧的陷阱中，因為操作這些「話術」的時候，你也會無意識地被自己狹隘的思維給操控，也就是俗話說的「相由心生」。你一定有過這樣的經驗，明明推銷員用親切的口吻叫你「某某大哥、某某大姐！」但你聽起來就是覺得不誠懇，為什麼？因為他們連自己都不相信說出這話有多誠懇，那麼在這樣的情形下，話術成功的機率能有多少？反而直接暴露出更多的缺點，更容易被對方抓住把柄，萬一過程中又不幸被識破語言模式，豈不是更為尷尬嗎？

　　為了不讓上述的危機發生在自己身上，我們就需要用NLP 的溝通技巧來調整心態，讓自己站在比對方「更高一級」的立場去交涉，輕鬆針對不同對象，發展出不同的應對模式。商場與職場的情勢瞬息萬變，有時過程中根本來不及思考技巧，唯有在潛意識中植入思考模式，才能讓你不再只是拘泥於「文字」，而是更深層地**用自己的潛意識與對方的潛意識做溝通**。

NLP 可以為我帶來什麼改變？

改變之所以能成真，皆來自於一顆渴望改變的心。許多層面的問題無法被解決，關鍵乃是當事人狹隘的思考面，若可以提出一套有效且實用的「心法」，就能引導當事人走出受拘束的窘迫。

心理學派所有的議題與理論，都是經過一種或一種以上的觀點去假設，NLP 也不例外，唯一不同的是，NLP 的基本假設，不需透過複雜的實驗，也無須了解艱澀的理論，就能夠立即運用於生活之中，並且深入人類的各個觀點去思考。事情之所以會「卡住」，問題之所以被看待成「問題」，全然受到信念與價值觀的影響，商場上的競爭、人際溝通、情緒管理也有著相同的道理，所謂境隨心轉，正好呼應了 NLP 的假設前提。

學習 NLP 的基本假設，不只是學習 NLP 的基礎而已，同時也幫助我們學習了更多的觀點移轉，此乃 NLP 學派的重要方針。它給我們的不是「準則」，而是引導我

們去探索內在深層，邁向穩紮根基的第一步。接下來，我們就來認識 NLP 裡相當重要的「**基本假設**」：

地圖不是實際疆域：我們腦中的認知不一定與現實情況相吻合，就好比菜單上的圖片與實際端上桌的菜，兩者之間一定會有某種程度的落差，那些深植在腦海裡，理所當然的認知與信念，也許在實際運行後才會發現與現實大大不同；惱人的情況與困住的想法也是一樣，在腦海裡建構出的困境，實際情況中也許根本不會發生，好比乘坐雲霄飛車的恐懼，多半是自己在腦海裡建構出由高處跌下、支離破碎的畫面，實際上他也許根本還沒坐上機器，但大腦才不管這些，因為那些「想像」已經告訴大腦「對！就是現在，開始恐懼吧！」人際溝通上也是如此，在還未跨出下一步的時候，就想著自己被拒絕而尷尬的場面，也許實際情況根本不是這樣。

生理和心理是一個大系統：心態的變化影響著生理層面的表現，生理語彙的反應，就足以代表內在表象的感

受，因此 NLP 將人類的心態分為兩個種類，「**有資源的心態**」與「**卡住的心態**」。對一件事擁有適當的資源，行事必定得心應手，而這其中有個重要的關鍵，在 NLP 的學習循環裡稱為「**不自覺的有能力**」，不必過多的自我激勵，也無需過度擔心該事情的細節，藉由生理現象的觀察，了解有資源與沒有資源間的生理證據，好比只是一個呼吸或內在語氣的轉換，就足夠影響整個心態上的轉變。

每個人皆具備他所需要的資源：卓越人士並非比我們有天賦，其中的關鍵差異僅是有效運用資源，以及卓越策略的探索，想要加強溝通技巧、邁向成功人生，只需要自我探索。且正確運用現有資源就夠了，任何卓越的狀態，都可以藉由 NLP 來達成，當然你更可以設下許許多多不同的目標，只要你充分地了解自己，並願意拋開成見，成為夢想中的卓越人物就不再只是空想。

任何人都可以活得完美無缺：你絕對值得擁有你想要的，成功與魅力並非少數人的專利，NLP 複製卓越的技巧，可以帶領你探索成功的奧秘，讓人生不再只是任由

「命運」擺佈，你可以擺脫失控的情緒或恐懼的拖累，進而將人生導至更積極的方向，直接掌握自己的未來，決定人生的角色。

任何人能做任何事：如同上一個基本假設的呼應，每個人早已擁有做任何事的資源，當然這其中也包含了成功、幸福與快樂，NLP 之父理察・班德勒曾經這麼說：**「如果你有能力把自己的人生搞砸，那麼你也有能力過好自己的人生！」**

所謂的天賦，也僅是大腦策略上的差異而已。美國有名的激勵大師，同時也是著名的 NLP 講師安東尼・羅賓（Anthony Robbins），有次他接受空手道訓練時，找了位黑帶的空手道大師，利用 NLP 的策略法，找出該位空手道大師的大腦策略，於是安東尼・羅賓複製該大師的腦內過程，成功地劈砍木材，也利用更多的腦內策略訓練了許多運動選手與美國軍人，所以不管你是誰，你以往的人生是如何地糟糕，從翻閱這本書的那一刻起，你就是成功的一份子，你有能力完成任何事。

　　有選擇比沒選擇好：如果你是個無法控制吃甜食的人，那麼你就該思考一個重要的問題：「吃甜食帶給你的好處是什麼？」了解行為背後的正向意圖，是否就可以有其他替代的方案？不僅僅是吃甜食，舉凡抽菸、減重、親子教育、人際溝通，甚至是商業上的策略，皆是如此，如果拳腳相向的意圖只是希望自己被了解，那麼是否還有其他更好的選擇？直接滿足該意圖如何？了解該行為所帶來的好處，就能夠想出其他的替代方案，唯有新的方法才會產生新的結果。

　　人總會選擇眼前最好的方法：人與行為本身並不相等，就如上一個假設前提所示，假使拳腳相向是當前最好的選擇，那麼他就會不斷地沿用老方法，直到正向意圖被滿足為止。又譬如「抽菸」帶給對方的是「放鬆」，那麼他在需要放鬆的時候，肯定會毫不考慮地選擇抽菸。因此這個基本假設有兩個層面值得我們去思考：第一，對方的行為會不斷地發生，就表示當下只有這個方法可以滿足他想要的意圖；而第二個就是，我們提供給對方的方法，是

否可以滿足對方想要的正向意圖？當自己的意見不被採納，或是談判上失敗，都該先好好思考「對方真正想要的是什麼？」大多的時候都是「Why」而非「How」，這事對他的價值觀是什麼？有什麼是他想要被滿足的？如果有一個方法能滿足其正向意圖，方法就不再是問題了。

有用比真實重要：麻醉學博士亨利・畢闕（Henry K. Beecher）於 1955 年的實驗中發現，對受試者投入不具療效的藥物，在受試者相信該藥物「有用」的情況下，此藥物仍會具有療效，這足以證明一個亙古不變的信念「心態決定一切」。這世界上備受爭議的人、事、物，乃至於宗教信仰，且先不論其真實性為何，只要足以讓人產生力量，那麼他就具有存在的價值，如同想像力帶給人的改變一樣，虛實早已不是討論的範圍，有用與否才是該關注的議題。

每個行為的背後都有其正向意圖：所有壞習慣都有個讓人得以持續的正向意圖，抽菸就是個好例子，其正向意圖也許就是「放鬆」，當事人或許更清楚抽菸可能帶來的

危害，然而在沒有其他足以滿足其正向意圖的替代方案出現之前，抽菸的行為會毫無疑問地持續發生，當然也並非所有可以讓自己放鬆的事物就能取代抽菸，畢竟「放鬆」只是個抽象名詞，而 NLP 講求的是具體的生理證據，所以還需要確認當事人所謂的「放鬆」在 NLP 次感元上的生理表現為何。

溝通是多管齊下的：溝通技巧不限於談話技巧，任何可被辨認的非口語訊號，皆可視為溝通關鍵。生理系統與心理系統的平衡，可控意識與不可控意識的訊號交換，乃至於兩個不同的個體，在溝通的體制下都可視為一個循環的大系統，一個優秀的溝通大師，會了解如何呼應與引導對方，一個傑出的企業家也擅長多層次的內外溝通。

溝通的意義在於得到的反應：溝通並非只是單方面地傳遞訊息，而是對方在溝通過程中給予的回應，同樣一句話，可能讓聽者產生另一層面上的誤解，這並非自己或對方的錯，而是傳達一種「必須調整自己方針」的訊息，因為對方理解與認知的不同，傳遞方式也應該有所不同。

沒有失敗只有回饋：事情沒有所謂的成功與失敗，所有結果都只是一種「回饋」，這些經驗帶給我們的是更精準的方向，就好像定位導航在過程中會不斷地修正位置，進而更接近正確的目標。

行不通就改變：同一種方法不可能萬般有用，舊的方法失靈就該試試新的。以往的人際溝通是否有達成原本的需求？如果沒有，不妨換個方式，這些舊有的認知在你腦海裡存在已久，事實證明，到目前為止，這些「迷信」反而會造成溝通品質的下降，所以暫且先拋棄那些老舊思維，學習一套更有效的嶄新方法。

在職場打滾多年的老將，常會犯的一個錯誤就是：「這件事這麼做一定有用！」可是當結果不如預期時，就會將問題歸咎於外在因素，然而所謂的「成功者思維」，並非那些一成不變的定律、鐵則，當自以為規避風險的同時，可能也因此錯失更多機會；又或者一味地積極前進時，也可能因此觸發更多不必要的失誤，所以身為優秀的經營者，就該抓住問題的癥結，進而發展新的對策，了解

背後的動機與正向意圖，這才是通往成功的關鍵。

彈性就是影響力：經驗是最好的借鏡，但有時還需依條件的不同而臨機應變，過度仰賴經驗也是一種思維的退化，因此暫且先放下那些「必然」的心態，不讓過去的經驗成為前進的絆腳石，對於人際溝通與職場競爭更是重要，明確地設下目標，審慎地評估風險，具彈性的靈活思考，隨時汰換腦內那些不適用的老舊模式，發展出更靈活的成功策略。

抗拒是呼應不足的訊號：溝通得到的回應是否為當初所想的？你說破了嘴也無法把產品推銷出去？不知怎麼的，這個孩子就是講不聽？這些「抗拒」都代表談話中沒有足夠的條件去「呼應」對方的需求。舉個例子，父母告誡小孩不要成天往外跑，並列舉了該行為可能會帶來的麻煩，例如，學業退步、被朋友帶壞、讓父母擔心等等。然而是什麼原因讓小孩還是不斷地往外跑？如果沒有呼應並滿足其內在需求，這些告誡永遠會被當成耳邊風，再換個例子說明，假使顧客在意的是價錢問題，強調功能性與設

計感，恐怕就很難說服對方，但如果能從價錢的層級來包裝其優點，成功率將會大大地提升。

越小的工作越容易處理：若是放在時間管理上就不難理解，尤其對學習者而言，越細小的範圍越容易被吸收，囫圇吞棗只會讓自己消化不良，「改變」也是一樣的道理，天下事非一蹴可幾者，從小地方著手會來得更容易。

然而這裡有個更重要的問題：「你確定你正往成功的路上前進嗎？」如果是，那麼具體的證據為何？先設下可被證實的「標的」，就好比儲蓄的金額一樣，先完成目前狀況允許的小數字，這個數字必須是具體且可被證實的，絕對不是「存一些錢」這種曖昧不明的說法。不同於喊喊勵志口號就作罷，必須在完成目標之前，設下可被查證的具體證明，確認完成後就往下一個證據邁進，以上述的儲蓄為例，若一下子就想存大筆金錢，不但難度高也特別容易放棄，因此別小看這些小目標，它能夠有效激勵你往最終目標前進。

任何行為在某種情況下都是有用的：有個例子足以說

明這項基本假設，一個正值青春期的少年，父母為了他時常在校打架而感到煩惱，輔導該名少年的治療師這麼說：「如果他可以在適當的時候，盡他當哥哥的義務，保護他的妹妹，使她不會遭到壞人的攻擊，這樣不是很好嗎？」因為父母可以對兒子的暴力行為改觀，更重要的是，少年得以了解該行為應該被放在「更適當」的地方。當行為被扣上負面評價的帽子，或是周遭對該行為出現負面反應，往往只是變相激勵該行為應該被保留，而若當事人知道該負面行為在某情形下具有正面功效，自然會被視為一種「正向資源」，而停止出現在原有的情境中，取而代之的是其他的替代行為，因此任何行為在某特定情況下皆有正面的作用。

　　從上述的 NLP 基本假設中，我們得到一個極重要的信念，想要在人際溝通取得贏面，提升職場競爭力，有個重要的步進法則：

　　這也是改變得以發生的重要關鍵，換句話說，當你體認到自己能力的不足，繼而想要改變的那一刻起，你可能已經從書店、圖書館或是相關的課程中，到處尋求良方，學習這些成功學與職場溝通，在這尋覓的過程之中，你的思維一定也產生了某程度的變化吧？這就是體認現狀的開始，接著你給了自己一個期許，也許是成就某個計畫，而目標也在此刻就這麼設定了，但自身的懶散與壞習慣，始終不斷干擾著原訂的計畫，於是你尋求了更多的資源，一個足以幫助你的 NLP 心理學，這意味著改變正在發生。

　　剛開始的旅程，一定會讓你覺得困難，但你也因此注意到更多的內在感受，慢慢地，你將學會如何具象化這些感受，並轉換成你所需要的資源，克服眼前可能出現的阻礙，就像你相信在自己心中，住著一位擁有超越自我潛能、最真實的自我，不是嗎？

　　享譽全世界的 NLP 明星講師，同時也是《喚醒心中的巨人》的作者安東尼‧羅賓說「溝通的品質決定生命的素質」，溝通的能力決定著生活品質，你每天與周遭的人打交道，你想方設法完成一場交易，你成為別人事業的好伙伴，孩子眼中的好父母，朋友眼中的勝利組，然而你卻忘了與內在的自我溝通，那個每天讓你大笑、讓你發怒的自己，他可以讓你想起美好的回憶，也可以讓你沉溺在悲傷裡，你們應該一起並肩作戰，所以從今天起，從與內在溝通開始做起！了解自己進而解讀他人的心思。

　　「你想要的改變，NLP 都可以幫你達成！」準備好迎接全新的自己嗎？成功就在不遠處了，你可以想像一下自己已經成功的樣子，在想像中你看到了什麼？身旁的親朋好友怎麼祝賀你的？還是有什麼歡呼的聲音？此時你心裡的感受又如何？可別小看這些簡單的未來模擬，它並非喊喊口號、做做計劃表那般，**藉由這些全感官的想像，你等同給了大腦一個可被理解的目標，就像給了導航機一個目的地一樣，大腦確認的不是文字，而是更細微的感官訊號。**

在接下來的 NLP 技巧裡，我們將充分運用這些大腦的想像，全感官的細節，對未來的投射與模擬，讓改變來得更快更有效，非常開心你即將擁有 NLP 這個財富，並得到一個與成功為伍機會。

NLP 的基本假設

1 地圖不是實際疆域

2 生理與心理是一個大系統

3 每個人皆具備他所需要的資源

4 任何人都可以活得完美無缺

5 任何人能做任何事

6 有選擇比沒選擇好

7 人總會選擇眼前最好的方法

8 有用比真實重要

9 每個行為的背後都有其正向意圖

10 溝通是多管齊下的

11 溝通的意義在於得到的反應

12 沒有失敗只有回饋

13 行不通就改變

14 彈性就是影響力

15 抗拒是呼應不足的訊號

16 越小的工作越容易處理

17 任何行為在某種情況下都是有用的

用 NLP 創造自我價值

NLP 的其中一項基本假設是「每個人皆具備他所需要的資源」，**利用原有的內在資源來提升自我價值，這就是「改變」的第一步**，就好比軍人上戰場之前，會先確認敵我的情報，了解自己的優勢所在，好擬定作戰計畫，所以在使用 NLP 技巧之前，我們必須先確認已擁有的內在資源。

「成功並非少數人的特權」，這說明所有人都可以輕易地擁有成功，利用這些原有的內在資源，可以不斷地提升自我價值，然而**所謂的自我價值不單只是金錢或社會地位而已**，用來衡量自我價值的方法有很多，上述兩樣並非唯一，當我們這樣思考有個好處，可以體認到**內在資源乃是自我財產的一部分**，就算遭遇嚴重的財務虧損，甚至是公司破產，這些內在資源都是可以幫助你東山再起的「本錢」，它確確實實是你身體的一部份，不但取之不盡，而且誰也拿不走它。

　　常聽到許多人這麼抱怨：「我既沒有後台背景，也沒什麼過人專長，更不是家財萬貫的富二代，人家都是從小開始栽培，當然內涵素養樣樣有，我哪比得上那些人啊？」

　　的確！但這裡所謂的內在資源，並非一定是會琴棋書畫的人文四藝，其實只需要一些簡單、小小的人生經驗就夠了，請各位仔細回想一下，你從小到大接受過什麼樣的讚美及正面評價呢？

　　「你的心思真是細膩！」

　　「這企劃案擬得真好！」

　　「數理方面的問題都難不倒你。」

　　「對於有興趣的事情能投入熱情。」

　　這些看似微不足道的小事，就足以發揮更強大的力量，好比「心思細膩」就能夠察覺其他層面的漏失之處，避免可能的風險；對興趣所投入的「熱情」，也可以將其轉移利用在工作的幹勁上。那些曾經有過的美好經驗，其中一定有你尚未察覺的內在資源，然而上述的部分僅是理

性層面可理解的範圍，NLP 更在意的是「生理證據」。口語上的激勵與文字上的行動策略之所以發揮不了作用，乃是生理部分未達到所欲的理想狀態，就算你心裡想著：「我要當個有自信、有愛的人！」但如果生理上的表徵卻是呼吸微弱、垂頭喪氣的沮喪表現，那也僅是浪費時間發射無效的空包彈而已，不如出去運動還來得有用些。

　　每個人都是特別的，沒有任何一個人足以取代誰，即使生長在同一家庭的雙胞胎，專注與喜好也會有所不同，這就是 NLP 延伸的基本假設「**不會有兩個人完全相同**」，你之所以會低潮沮喪，妄自菲薄地看輕自己，就是你沒有好好地探索內在資源，那些所謂的小事，乃是顯示你個人價值的重要籌碼。此外，還有個重點，這些內在資源所表現的生理證據，在接下來的 NLP 技巧中，會被充分地利用、轉移與強化，因此找出內在資源是刻不容緩的事。

探索內在資源，提升自我價值

1 寫下五句別人給過你的讚美、正面評價，抑或是自認為過人的
優點？例如，擅於規劃旅遊行程、具有高度邏輯、數理能力。

    1

    2

    3

    4

    5

2 想想上列的五個正面評價，足以用哪些正面形容來表示？例
如，勇敢、活力、熱情、專注等。

    1

    2

    3

    4

    5

3 寫下五個目前比較容易受困的情況？例如，演説時容易緊張、
看到蟑螂會嚇得腿軟、無法釋懷的過去、脾氣暴躁易怒等負面
情緒。

NLP Made Easy

    1

    2

    3

    4

    5

4 寫下五個長、中或短期的目標？例如，年底完成企劃案、後年
  存到人生第一桶金等。

    1

    2

    3

    4

    5

5 請分別描述完成上述五個人生目標對你的意義為何？例如，我
  可以藉此證明，我有足夠的能力做好每一件事等。

    1

    2

    3

    4

    5

倘若細心留意正面的心態與受困的情況，兩者的臉部肌肉、呼吸急緩與身體語言一定會大大地不同，而這就是 NLP 認為最強而有力的內在資源，只要利用其中一個環節，就足以達到前所未見的改變，猶如一條電腦程式語言，一個步驟的阻斷，就可能造成程式鏈的失靈。相同的情況之所以有相同的反應，乃是生理呈現與經驗中的情境相似，因此由生理表徵影響心態的變化，比任何的口語激勵都來得有效，好比改變呼吸就能跳脫負面情緒，避免情緒與情緒間沒有出口的循環。

NLP 的延伸觀點認為「**所有大事都是小事情的累積**」，以兒童學習的例子來說，小朋友若於學習初期就累積了「考不好會遭受處罰」的經驗，久而久之，自然會對考試產生負面連結，而班上那些考不好的同學，也會一併被納入這個負面連結中，這樣會發生幾個情況：首先，小朋友會藉由嘲笑成績差的同學來尋求自信，當自己表現不如預期時，就會加倍覺得自己沒有用，繼而把自己與這些負面的同學做連結；第二，從小被灌輸好成績等於好未

來，當步入社會的表現沒有得到預期中的正面回饋時，便容易產生逃避或自責的情形，而我的學員中正有類似的例子，所以這些「小事」其實對人的信念有著莫大的影響。

當整理出自己的內在資源後，不妨給自己更多的正面評價吧！例如，「你是個熱愛運動、極具冒險精神的人！」從這個正面評價出發，當遇到受困的情境或陷入情緒低潮時，就能將該資源加以利用。理性層面我們可以這麼想：「身為一個具有冒險精神的人，我該如何化險為夷呢？」而生理層面就可以利用五感與身體證據來做轉換，用 NLP 的「**換框技巧**」與「**歸類法**」，學習以不同的角度去觀想事情，把你特有的內在特質用隱喻、換框來加以呈現。譬如你是個極具耐心的人，你可以這麼想：「眼前這個困境，是否還有更細微的部分，或尚未發現的關鍵？」

曾經有個學員這麼說：「我在團體中始終是個默默的人，好似有沒有我也無所謂一樣，我的價值到底是什麼？」聽到這樣的話真是令人覺得難過，人生所有的經驗與所扮演的角色，都應該充滿挑戰與更多的樂趣才對，因

為一些人際上的小挫折，繼而萌生了否定自我的想法，對任何人來說，都不是件愉快的體驗，想快速擺脫這類的自我負評，就要正視並了解自我的內在價值，妥善運用這些早已擁有的資源。

這份練習最後還有個重要的問題，你設下了許多目標，這些目標對你而言的意義為何？曾經有個女生來找我幫她釐清價值觀與信念，過程中她不斷強調「希望找個有錢的老公嫁了。」我笑著說：「我們先做到找個老公嫁了如何？」她堅決強調「有錢才有尊嚴，在這個社會上，有錢才會被看得起！」這樣的價值觀我當然是沒意見，但是所謂的正向意圖就出現了，在這社會上，要有錢才會被看得起，那麼她要的到底是「有錢的老公」還是「被看得起」呢？這真是耐人尋味的問題。然而，這就呼應到我前面所說的個人價值，這也是許多人無所不用其極去滿足私慾的原因，只因其正向意圖沒有被滿足。因此了解目標或任務的意義，就等同探尋個人的正向意圖。

有個學員這麼問我：「說哪些話會讓對方喜歡你？對

你有好感？」於是我反問他：「你會喜歡上什麼樣的人？什麼樣的客戶會討你歡心？」他想想說：「當然是沒有心機，誠懇一點的人啊！」我接著說：「如果心術不正的人朝著你笑，你有甚麼感覺？」於是他說他懂了。

當然，「說話術」確實有所謂的圈套與陷阱，「催眠」在嵌入指令與誘導上也有其強大的功效，我在後面章節會詳細告訴各位如去何使用這些魔術般的技巧，然而在學習這些技巧之前，請務必調整好自己的內在狀態，培養同理心，學習以內在的觀點來看事情，這樣才可以避免因為情緒而造成溝通上的失焦。

找到自己的內在價值，是接納並了解自己的第一步，還記得前面的 NLP 基本假設嗎？「**任何人能做任何事**」其訣竅就是妥善運用內在資源，當然更重要的還是，將 NLP 技巧實踐於生活之中。**NLP 是一種生活的態度，一種對人生的體悟**。後面的章節裡，我將教你如何運用這些內在資源，藉此提升自我魅力與成就人生夢想。

你的缺點，就是成功的資源

　　緊接著我們就來探討如何將缺點有效轉為正面資源，進而接納自己。有個重要的問題是：「一天當中，你花了多少時間在負面思考上？」**每天與自己對話最多的人，不是同事也不是老闆，而是內在的自己**。不曉得你是否曾經留意，每次發怒或進入沮喪情緒前，你的內在對你說了些什麼？「果然，你就是會把事情搞砸！」「討厭！又來了！」「看吧！你怎麼可能那麼幸運？」就是這樣簡單的幾句話，在你腦內觸發了負面情緒的神經鏈，然後像骨牌一樣排山倒海而來，所以我們首先要學會的是，**如何停止內在對話所觸發的負面情緒？**

　　前面我曾經提到，潛意識擅長處理直覺、非理性的資訊，因此那些內在對話之所以會觸發負面情緒，主要原因來自於「語氣」的傳遞，這乃是人類五感中，聽覺感官的一個部份。我們現在可以來試試看，在內心用嚴厲的語氣對自己說一句責備的話，接著再重覆一次相同的內容，只

是語氣換成海棉寶寶，如何？同樣的文字闡述，情緒感受上是否大大地不同？

有效減少負面思考，因為過多的負面思考，讓自己擔心東擔心西，還沒開始就害怕得失，到最後那些抱怨，就成了扯自己後腿的兇手，老是覺得自己不夠好、不夠優秀，一天到晚把焦點放在「不好」的地方，最後大腦就幫你完成你處心積慮鎖定的目標：「失敗」。

譬如對公開演說的恐懼，原本只是些許的擔心害怕，在腦內反覆內在對話的催化下，就出現「完了，等著出糗吧！」的念頭，而你的大腦為了警告你待會可能發生的糗態，就主動投射出自己說不出話的樣子，以及台下觀眾一副不可置信的表情，頓時鴉雀無聲，終於有人忍不住笑了出來，你覺得丟臉極了，恨不得挖個地洞鑽進去……。你的內在對話與腦內想像，就這樣沒有出口地不停循環，直到最後你覺得頭昏想吐，導致你更加害怕上台演說，這樣的認同又產生了回饋，再次印證你就是害怕公開說話，你就是一個不會說話的人。

其實讓自己陷入惡性循環的並非那些缺點，而是過多的負面思考與內在對話，尤其大腦有個使命必達的特性，它為了理解訊息，會省略「要」與「不要」的動機陳述，你越是告訴自己「不要害怕」，大腦為了理解「不要什麼？」而將目標擺在「害怕」上，把你帶回經驗裡，找尋所有害怕的體驗，直到你的大腦了解害怕是什麼，然而這個過程可能只是短短一瞬間，有時連當事人本身都無法察覺。

大腦為了理解其涵義，會不斷地重覆那些經驗中的感受，直到恐懼或負面情緒真的在身體產生了作用，因此你必須立即停止那些經常性的自我否定，它就像一種連鎖反應，當你的大腦習慣在某情境下喚出相同的經驗，久而久之就會培養在該情境下擁有相同的反應，好比對自己體型不滿意的人，老是在朋友面前嚷嚷著自己很胖，往後只要看到這些朋友，大腦就會自動開啟「肥胖」的感受，結果就是，他在朋友面前總是啟動相同的感受，因此他也很難再瘦下來，大腦無法適應他在朋友面前「是個瘦子」這件

事，除非他遠離這些朋友，或是停止不間斷的負面連結，還有就是藉由 NLP 的幫助。

所以**停止對自己負面評價的最好方法，就是「接納缺點」**，並想想：「我該如何善用這些缺點？」我曉得這並沒有那麼容易，拿我自己來說吧！我的身高以男生的標準來看，用「不高」來形容太過含蓄了點，但它僅在成長過程中帶給我些許困擾，例如，個子高又沒啥自信的人，老找我幫忙增加他的自信心，只是過程稍微粗暴了一點，其他時候我倒是很享受個子不高這件事，至少我在團體裡不會被叫去幹粗活，以體型來說也輪不到我，我稱它為「消極的優勢」，當然是否真的消極？我想也不那麼重要，重要的是我享受且接納它。

「缺點」甚至可以替你開發出「技能」，就拿「不擅長說話」這件事舉例，想想它給你帶來的另一層意義是什麼？「是的，我的確不擅長說話，所以我可以在每次說話時道出重點，提供對方準確的數據與重要的資訊！」朝著說話精準與專業的形象努力，反而成了你當下該去聚焦的

主要目標，這樣就可以塑造出另一個全新的形象，將這樣
的形象反饋到自我認同的層面上，因此「缺點」反而提供
給你一個「自我成長」的好機會。

二十世紀最偉大的心理學博士，也是將「催眠治療」
正式帶入醫療體系的先鋒米爾頓·艾瑞克森（Milton
Erickson）曾經說過：「**人不可能擁有全部，卻可以活得完
整。**」

艾瑞克森博士在十七歲時罹患小兒麻痺，嚴重的病情
讓他四肢無法動彈，他利用僅存能夠活動的雙眼，培養出
絕佳的觀察力與細微的洞悉能力，他觀察自己正在蹣跚學
步的妹妹，從如何舉起腳開始到如何克服跌倒，繼而發展
出獨創的身體復健法，讓小兒麻痺癱瘓的他，可以正常行
走並自立生活，更令人吃驚的是，經歷這些艱辛的過程與
種種的考驗後，艾瑞克森博士還獨自完成總長約一千兩百
英里的獨木舟旅行，他帶給世人的是無比的決心與毅力，
他不屈就於病痛造成的缺陷，反而運用這些缺陷，發展出
獨特的心理諮商技巧，成為當今世上心理催眠治療界無人

能及的泰斗，直到七十八歲過世前，他都還在與病魔持續纏鬥。

有人這麼比喻艾瑞克森博士：「如果佛洛伊德是十九世紀最偉大的心理學家，那米爾頓·艾瑞克森就是二十世紀的臨床代表。」

克瑞克森博士的小兒麻痺曾多次嚴重復發，其嚴重的後遺症甚至影響到了視覺，繼而產生色盲的現象，聽覺上也無法分辨音階高低，但這些生理上的阻礙，卻讓艾瑞克森博士發現了「同步呼應」的諮商技巧。

人的信念有千百種，這成千上萬的信念，皆來自於自我認同與內在層面的肯定，以團體領導為例，應該多花時間去了解團隊成員間的優缺點，美國福特汽車公司的主席小威廉·克萊·福特（William Clay Ford, Jr.），曾在公開場合直接讚揚旗下成員的行事風格，並強調這些成員才是公司的最大功臣，這種「環扣式」的效率管理策略乃是優秀領導者的模範。

「任何行為在某種情況下都是有用的」就算只是「批

判」，在某情境下還是有其可被運用之處，還記得先前提過哥哥喜愛打架的例子嗎？如果在會議上，沒有所謂的「批判角色」，那麼可能就不會有人察覺到投資上的風險與更多現實層面的考量。

　　妥善運用每次機會，讓團隊成員了解「缺點」乃是發展「技能」的機會，藉由領導者的協助引導，成員會更積極地找出更適當的出口，這樣才稱得上是有智慧的帶人原則。

最有效的人際溝通法則

溝通彷彿一座金字塔，需要層層向上開始建立關係，仔細經營每個層級，這往往影響著溝通上的成效，然而不只是「對外」的人際交流，「對內」的自我溝通，也同樣需要建立這些層級，如我先前所提到的觀念，人與人、內與外，任何一種關係，都應該被視為不斷循環的大系統。譬如甲方丟出一則訊息，接收的乙方予以回應，而當甲方再次給予訊息時，就必須呼應乙方，並給予想要的回饋，也就是言語中的正向意圖，當乙方再次接收到訊息，且被呼應的同時，甲方就可以更輕易地接近乙方的內在層次，「引導」才可能得以發生。簡單舉個例子，算命師在開始算命之前，會先有意無意地提及感情、事業、家庭等大方向，一但有個項目呼應到了當事人，就會針對其關心的議題來做更多的反饋，而結果就是當事人自己越說越多，不斷地在內在深層做自我揭露，於是算命師就成了「了解你內在的人」，然而過程中他做了什麼？什麼也沒做，只是

呼應而已,這些秘密都是當事人自己說的,而大腦有個趣味之處,只要說出口的事,就會認為對方也一定了解,所以接下來就進入重頭戲,算命師真正要做的事來了,這局面已經足夠讓他引導當事人進行更多的消費,這乃是呼應之於當事人所引發的內在過程。

上述的例子只是想讓各位明白「關係建立」有多重要,溝通過程若只想著「技巧」,而忽略了基本的呼應與親和感,原本的「呼應」就成了「說教」。當自己完全想著發揮自己的本事,而無視於親和感的建構,這樣僅能在意識表層做說服,就好比算命師也是等待當事人自我揭露至一個程度後,才開始推銷產品,所以為了讓溝通建立在有效、快速的基準上,我們務必來學習 NLP 的「溝通金字塔」。

首先,**最基本的溝通層級是「建立關係」,以大系統運作的概念做好呼應與反饋,取得信任、維持親和感**,千萬不能劈頭就急著想說服對方,在親和關係尚未建立之前,任何的新觀念與想法,都極其容易被視為「強制灌

輸」。強迫推銷商品、努力說服對方接受自己的提案，這些舉動不僅無法達到預設目標，還可能遭來對方的不良觀感，因為就連「購物」這檔小事，也隱含了對方的信念與價值觀，買些什麼？為何而買？都深受價值信念影響，因此需要做好關係的建立，才能向前述的算命師一樣，深入對方的內在層面。

另外，「自我提升」同樣也適用於這個法則，強迫自己戒除惡習，壓抑任何可能的內在抗拒，忽略該行為的正面意圖，最後都可能招來功虧一簣的結果，因此在「身心是一個大系統」的概念下，想要進行改變，對內、對外都需要做好關係的建立。

建立相互信任的關係後，下一個層級就是「設定結果」，或許有人會覺得：「這不是廢話嗎？我豈會不知道我在講什麼？溝通都是帶著目的，不是嗎？」那可不一定，我舉個例子吧！先生下班回家，看見客廳的地板很髒，於是對老婆說：「妳可以打掃一下客廳嗎？那裡看起來有點髒。」老婆這麼回答：「拜託！可以讓我休息一下

嗎？我也是忙了一整天，你不要一進門就對我呼來喚去的！」聽老婆這麼說的老公當然火了：「你現在是怪我不夠體貼囉？怎麼，我哪裡做錯了？」老婆說：「不是你做錯，是我做錯好嗎？」老公：「……」說好的目標呢？沒了，化成一團怒氣飄進彼此的心中了，這就是為何我強調**溝通需要明確的目標**。

凡是人都有情緒，尤其團體工作更容易出現因為情緒而延宕工作進度，這往往也是溝通造成破局的重要因素。當然，關於情緒層面，裡頭包含了所謂的正向意圖，過度聚焦於不相干的私人情緒，可能會導致溝通或計畫的失敗，當然若團體溝通出現這樣的情緒問題，那就得再次回到「建立關係」的層級，因為也許對方有更急著被滿足的內在需求，因而了解對方這些需求背後的正向意圖，並在過程中調整有利於雙方的結果設定就成為必須。

設立明確的溝通目標，排除其他可能干擾或模糊焦點的因素，接著就是最重要的「整體性考量」，目前的方案會不會造成其他副作用？有沒有可能顧此失彼？整體性考

量有個非常重要的功用，就是減少過程中所帶來的干擾，以前面提過的戒菸為例，希望用另一種行為來取代抽菸的同時，必須考量到抽菸本身給予當事人的「好處」為何？當然以理性層面考量來看，抽菸絕對是百害而無一利，但是對當事人而言，行為本身一定有所謂的「正面連結」，你可以試著問問那些癮君子，抽菸的感覺是什麼？你多半得到的回答都是「很爽！快樂似神仙！」這類「情緒性」形容。我曾經花很多時間去觀察癮君子對於香菸的需要，發現他們多半都是處於無聊的時候、完成交易的時候、工作告一段落的時候，以及休息放鬆的時候，這些情況下都是與「放鬆」正面連結，因此替代方案必須能滿足這個「正向意圖」才行。

而吃甜食也是一樣，有個體重過重的學員問我：「我要如何才能戒除吃甜食的壞習慣？」我問他：「吃甜食給你的感覺是什麼？」他回答：「心情不好的時候，吃甜食會讓我感覺放鬆。」所以這就是原因了，當然不是每個行為都需要花大把時間去探討正向意圖，NLP 也從不需要

了解背後成因，哪裡有結就把哪裡剪掉，理察‧班德勒創立 NLP 的最大原因，就是不滿傳統心理學不斷地追溯根源，因為了解問題不一定能解決問題，所以後面我們將會學習用 NLP 的技巧來快速戒除壞習慣。

最後一個階段，就是大家所關心的「技巧」層級。**呼應需求並了解需要，同時顧及整體利益的平衡下，才能思考「什麼技巧適合用在該情況？」而非倒因為果地用單一技巧去解決所有問題**，這樣不僅不夠靈活也缺乏彈性，所以技巧的使用必須建立在前三個層級的維護。

以銷售洗衣機為例：首先，你親切地招呼客人（建立關係），談話中你了解客人想要的是一台全功能的自動洗衣機（設定目標），於是你詢問客人目前家裡的洗衣情況，同時了解可接受的價格範圍（整體性考量），最後你祭出了超值的優惠方案（技巧），於是這樣就算完成了 NLP 的「溝通金字塔」。這是維持良好溝通的重要法則，每次溝通若能以這個金字塔為依循，你就能夠更快地掌握方向，而非被情緒或技巧侷限住。

溝通金字塔的四個層級

1　親和感的建立與維護（建立關係）

2　明確的目標與結果（設定結果）

3　敏銳的感官與覺察能力（整體性考量）

4　有彈性的方案與靈活的行為（技巧）

現在，來體驗「成功」的感受！

從人類研究大腦科學開始，智力發展與潛能開發就成了相當熱門的話題，NLP 在這方面的貢獻當然不落人後，不需要透過腦部手術或醫學儀器，只要利用五感的想像，就可以替自己設下目標，有效率激發內在潛能。

大腦可說是有求必應的超強電腦，具有完全的「目標導向」特性，只需要利用五感輸入指令，就能夠將其轉換為複雜的內在過程，排除萬難達成目標，然而所謂的「目標」，不單指目標設定或人生規劃，所有的正負向情緒，都經歷了相同的外在感官與內在感受的交替作用。

所謂的交替作用，讓我以例子說明，你一大早被巨大的鬧鐘響鈴吵醒，有點不耐煩地睜開眼睛，接著你起身按掉鬧鐘，心想：「早餐不做了，買現成的就可以了，這樣我可以再多睡個十分鐘。」於是你準備回床上小睡一下，無意間你瞄到桌上的企劃書，突然想起今早要在老闆面前做簡易會報，心想：「糟了，我壓根忘了這件事啊！」於

是你緊張地衝進浴室刷牙洗臉……。整個過程就是先聽到鬧鐘（外在聽覺），於是你不耐煩地（內在感受）起床（外在行為），接著你的內在對話說了不吃早餐的事（內在聽覺），你瞄到企劃書（外在視覺），想起要在老闆面前做會報（內在畫面），你心想壓根忘了這事（內在聽覺），你緊張地（內在感受）衝進浴室（外在行為），每個外在感官都會牽動到內在過程，而哪種外在感官接收，會連結至哪個內在感受，則依個人經驗而有所差異，好比有人小時候曾經被大狗追著跑，日後眼睛感官接收到狗的某個動作，就會啟動內在的恐懼感受，幸好那個人（就是我）用了 NLP 的技巧後，就克服了對大狗的恐懼。

你避之唯恐不及的負面情緒，那些已經存在已久的恐懼，難以忘卻的傷痛回憶、戒了又犯的壞習慣等，這些行為都是我們透過每次的經驗，將「情緒指令」植入大腦所產生的結果，而利用 NLP 就可以有效進行程式鏈的阻斷，幫助人們快速脫離負面情緒的束縛。

大腦還有個特點，當五感被描繪得越細緻時，就會讓

大腦無法分辨情境的虛實，繼而主動產生「行為」，好比光是想像咬下酸檸檬時，檸檬汁噴濺在嘴裡的感覺，就足以讓口腔自動分泌唾液，所以**不論是想像還是現實，大腦都是以五感來理解訊息，使用相同的神經感原來做出反應**，很多人光是看著電影裡的受傷畫面，身體部位就會發出酥麻或癱軟的感覺，即使你知道恐怖片是假的，還是讓你嚇的冷汗直流……想像能為你帶來的太多太多了，我們何不現在就來想像自己正在悠閒的度假？從畫面、聲音的環境描述開始，直到你真的感覺到身歷其境的愉悅。

接著，我們**利用大腦神經感元來做未來模擬**，這會與你以前寫過的任何未來設定都不同，其中最大的差別，就是它可以用來幫助你實際體驗完成目標後的感受，也可以藉此練習激發想像力，如果你是個不太擅長在腦海建構圖像的人，可以依循著下列的引導步驟，在腦海裡描繪更細膩的圖像。

美好未來的實際體驗

1 準備一張白紙，在紙上寫下最想完成的目標。例如，開一間
　屬於自己的餐廳。

2 想像自己已經走到了「達成目標」的那天，你身歷其境地享
　受這美好的成果。

3 置身其中的你，以第一人稱的視點看到了什麼？仔細在腦海
　裡描繪你置身的環境，燈光是強還是弱？周圍擺著什麼物
　品？你可以抬頭看看上面及地上，那看起來如何？有其他朋
　友在場嗎？或是任何你所能想到的形式？

4 接著是五感中關於聲音的描述，置身其中的你聽到了什麼？
　親朋好友的祝賀？抑或周圍的環境音？來自四面八方的聲
　響？或是正播放著美妙的音樂？這些聲音從哪裡來的？

5 再來是觸覺上的感受，留意一下溫度如何？有沒有任何香
　味？（如果你的夢想是擁有一間餐廳，加上一些香味是不錯
　的選擇。）你正與誰握手？誰搭著你的肩膀？當然我不能在
　細節上做太多引導，只是舉例讓你有個參考方向，如果你的
　夢想是成為作家，在書架上觸摸著自己的成品，突然有人搭
　你的肩膀，可能會讓你「跳」出想像，所以，自己發揮想

像吧！

6 視覺、聽覺與觸覺都設定好了之後，讓你自己在那裡多待一
   會，去充分享受這個成功的感覺，此時留意你的內在感受有
   了哪些變化？呼吸變得如何呢？

內在感受的變化會化成一股觸覺感受，在你身體裡呈
現，換句話說，你的身體對於內在感受都會有明顯或不明
顯的生理跡象，好比「成功」在身體裡呈現的，可能是呼
吸上的改變，或是獨特的身體姿態，而傷心或失敗的感
受，可能就是「胸口悶悶的」。

剛才的未來模擬想像，你的想像畫面是否讓你感覺真
實？你可以找個朋友與你一起練習，請他擔任觀察者的角
色，留意你過程中的臉部肌肉變化，或是任何可察覺的外
在表徵。

很多人一定有過這樣的經驗，你聽著朋友描述他的美
好經歷，過程中你發現他笑得非常開心，或是情緒變得激
動，對方為了精確地描述該經驗，他的感官已由外在轉至

內在，就好比你看著這本書的同時，你本來忽略了外頭的環境音，而你現在又聽到了！這就是感官的「**內外轉換**」，NLP 的技巧與催眠暗示，也很常運用類似的內外在轉變，藉此來達成改變與暗示的效果。當有個朋友想找你發牢騷的同時，請盡量避開或引導他說點別的話題，雖然他有可能因為這樣而真的發怒，但當他回溯感官經驗時，內在感受也會一併出現，久而久之，你就成了他負面情緒的觸發，最後他一看見你（外在視覺）就發牢騷（內在感受）。

　　這些藉由想像創造出來的愉悅感，其威力等同直接經歷該事件，而前面也曾經提到，把腦中的夢想「具象化」，可以讓大腦更清楚目標，現在你已經學會「如何在大腦輸入指令了！」你也學到了催眠技巧的內外感官轉化，後面的章節你將學到更多，你會了解如何使用你的大腦，讓它發揮最大的功效，就像一部功能強大的導航系統，指引並修正方向，將腦內地圖與實際疆域做一個有效的整合。

對潛意識做強而有力的行銷

前面所提到的「潛意識行銷」，各位還記得有哪些重要的秘訣嗎？直覺性、非邏輯、誇張不合乎常理的傳遞等，除了這些，我們還可以知道更多。

NLP 的基本假設說道：「溝通是多管齊下」，除了口語或書面的文字傳遞外，外在感官與內在過程的轉化，也是一種具威力的行銷方法，而大腦接收訊息的界限，在「理性意識」的狀態下，只能同時捕捉七加減二的資訊，例如，一組超過七位數的數字碼，當大腦處於理性意識的 Beta 波狀態下，需要將數字加以分組才能完整記住，而當大腦進入所謂「變動意識」的 Alpha 波時，就能夠在體驗的當下，處理與捕捉所有的「五感細節」，這細節就成了外在感官與內在感受連結的重要依據。

多少人有過這樣的經驗？涼爽的秋風讓自己想起一些甜蜜往事；久違的香氣讓自己陷進思念的漩渦裡，抑或是一段旋律與歌曲，叫喚出過去的美好時光……。這些五感

的內外感官細節，若單靠理性意識，是絕對無法紀錄得這麼詳細，但進入變動狀態下的腦，卻能大量捕捉並記下這些資訊。舉個捕捉細節的例子，某天你突然想要買個五金用品，你在既有的回憶裡翻找，就是想不起哪裡有五金行，此時你的腦海突然湧現一些模糊的場景，那好像是你上班會經過的地方，你有點想起來了，但又不確定，你依然在辨認，「那場景到底是哪裡？」於是你認出了招牌顏色，接著周圍的場景也慢慢更加清楚，最後你想起來：「我搭公車時會經過這個地方！」這個舉例就用到了兩個不同的意識層面，你腦海裡浮現了模糊的場景（潛意識捕捉的訊息），於是你用力地想：「那到底是哪裡？」（理性意識層面）。還有個經驗你也一定有過，有時候想要形容一種感覺，那個感覺有個形容詞，你也知道那個形容詞，但怎樣就是想不起來，那種說不出來但確實存在的感受，其實就來自於潛意識層面。

那麼如何將潛意識的特性，運用在人際溝通或行銷手法上呢？當你在口語層面做了最大的努力，仍無法發揮理

想成效時，就可以試著在潛意識層面做思考，利用商品本身去連結客戶的「內在感受」。拿那些汽車、房地產的廣告來說明，有些廣告請了事業有成的重量級人物來代言，在廣告裡過著奢華的生活，開著高級轎車與美女相伴左右，也許從頭到尾都沒有對該商品做過多的描述，但那些奢華的生活與慾望的喚起，已經成功呼應了客戶的「內在渴望」，且藉由畫面的播放，等同主動幫客戶建構了對未來的模擬，於是客戶會產生「擁有該汽車等同擁有奢華生活」的內在連結，就好比那些不惜重金邀請美女站台的展覽，因為看到美女的同時，就已經喚起了內在的慾望，這個慾望在無意間、在看到商品的瞬間，就會成為一種連結。NLP 的「心錨技巧」，就是利用外在的刺激去引發對方的內在感受，我在隨後的章節中，會再為各位做更詳盡的介紹。

在行銷與溝通方面，這是大家都有過的內在訊號體驗，有時候即使銷售員對你笑得燦爛，而你就是認為對方不懷好意，為什麼？是誰讓你產生這樣的連結？也許你早

就存有這樣的觀念：「現在笑成這樣，待會就要叫我把錢包交給他了！」這都是經驗與內在感受所產生的結果，然而這裡還有個重要的訊息，為什麼有些銷售員的笑容，就是讓你覺得放心？其中的差別到底是什麼？

由此你就可以深刻地了解到，訊息交換不只限於口語或文字，任何覺察得到的非口語訊號，都成了溝通所必要的條件，而 NLP 的「度測練習」，就能夠訓練我們覺察對方的非口語反應，例如，肢體、臉部肌肉、肌膚顏色的變化等，**利用度測可以讓我們更快去辨識對方的內在感受**，而且這有個好處，就是「不管對方再怎麼掩飾，都無法控制自己非口語的變化」，儘管是訓練有素的特務人員也是一樣，即使他們可以隨時隨地展現充滿誠意的笑容，若再仔細觀察就不難發現，當他說出「確定」的事情時，嘴角可能還是會出現一兩次細微的抽動，而當訴說那些「不確定」的事情時，他可能會有一兩次的微微抬頭。不過這些都需要「常模」的建立，並非一概而論地認為「抱胸就是有戒心」，相信聰明的你，在看過前面的章節之

後，一定可以理解「內在感受乃是經驗所影響」，就好比並非每個人都害怕蟑螂，但倘若第一次看見蟑螂的同時，因為身邊有人大叫而引起自己的恐慌，那麼日後當他看到蟑螂，就會產生「莫名的恐慌」，如果沒有當時身邊大叫的人，也許他一輩子都不會害怕蟑螂。

有一份理察‧利帕博士（Richard Lippa）在 1994 年對說謊的非口語線索研究，內容顯示說謊者在回應時，語氣上並不會有所停頓，也不會害怕與人目光接觸，但同樣面帶微笑，臉部表情與說話語氣卻會產生不一致感等。

對於這樣的資訊，我相信你一定認為不夠，然而有件好事要告訴你，因為你看了本書，所以你將得到一份超級大禮，我會告訴你別人不願意說的「看穿人心訣竅」。別人給你魚頭賺你一次錢，給了魚身又賺你一次，魚尾巴當然也要海削你一頓，然而我直接教你「抓魚」的方法，有效地看穿人心，直視對方的內心世界。

看穿人心的訣竅

1 找個朋友一起練習，請 A 問 B：「請問你的名字是不是叫 XXX ？」請 A 正確說出 B 的名字，此時聽到問句的 B，不要用口頭回答，在心裡用肯定的語氣回答：「對！」

2 同時請 A 觀察 B 的臉部肌肉、臉色、嘴角、雙頰的變化，或身體上任何可察覺的訊號，並紀錄之（此非口語線索對 B 而言代表肯定）。

3 接著請 A 問 B 答案是「否定」的問題，例如：「你是蟑螂？」聽到問句的 B，也同樣不要口頭回答，在心裡用否定的語氣回覆問題，A 同時觀察任何非口語訊號，以紀錄之（此非口語線索對 B 而言代表否定）。

4 掌握兩種不同的非口語線索後，請 A 隨意詢問不知道答案的問題，B 同樣在心裡回覆答案即可，此時 A 要依剛才觀察出來的非口語訊號判斷答案，並於結束後與 B 對照確認。

　　過程中你必須留心任何的訊號，若當下的問題不太容易察覺，你可以換個問題再問，同時你可以放心，如果彼此已經進入溝通的程序，即使對方在口語上沒有反應，那麼他的內在也會幫忙回答問題，回答的同時就會有內在感受引發生理反應的現象產生；舉個例子，你問了朋友一個問題，他沒有回答但同時很快地吸了一口氣，或是嘴角突然跳動一下，這就是內在已經幫你回答了，如果你想要更深入知道他的答案，你可以問「你心裡的感覺是什麼？」呼應他正經歷的內在過程，引導他說出真正的內在感受。

　　在理察・利帕博士的報告裡，有個我們即將深入討論的識人關鍵，說謊者在說謊時，眨眼的頻率會變高，從 NLP 的研究來解讀，此人正經歷著許多內在的過程，而 NLP 研究的不只是眨眼，NLP 更感興趣的是：「當這些人轉動眼球時，那代表著什麼意思？」這些轉動可以代表他正在經歷的內心過程，好比他正在自言自語，或是他正想著祖母的叮嚀等，後面我將告訴你這強大的「NLP 眼球線索」。

最後，我想引用佛洛伊德的名言來呼應這個章節：

「凡人皆無法保守祕密，儘管他的唇齒緘默，指尖依然喋喋不休，每個毛孔都散發著背叛的氣息。」

用來複製卓越、說服對方採取行動的「NLP 策略」

　　NLP 精通人類思維與行動策略的捕捉，將人類行為「模式化」，並發展出一套簡單易懂的速記方法，簡明地表示該人在該行動中的大腦策略。而這世界上每一個個體或團體的領導，都具有其獨特的知覺路徑，一如我們前文所提到的外在感官與內在感受的轉替過程。

　　關於記錄的方式，我們則可用簡單的代號表示：V 為視覺過程，A 表示聽覺經驗，而 K 則用來記錄觸覺上的感受，並將經驗分為外在經驗（External＝e）與內在過程（Internal＝i），你可以利用這樣的紀錄法來複製成功人士的行動策略，或捕捉說服對方行動的關鍵，分辨該過程是經驗或是信念，因為經驗可能只是陳述事件的發生，但信念就會是影響他行動的重要依據。你可以任意找個人做紀錄，依我以往的經驗，任何事業有成的人，一定會毫不吝嗇地分享自己的經驗，這對我們複製與創造卓越有著莫大

的幫助。

現在，我們以下列這段話來簡單示範 NLP 的「策略記錄」：

我拿著貨架上的商品，翻看外包裝上的說明，尋找是否符合我的需要，我看了看，並在內心問自己：「這些功能我能用在哪裡？」同時腦海裡不斷比對，最後我確定：「沒錯！這就是我要的商品。」於是我就走去櫃檯結帳。

拿著貨架上的商品是屬於外在觸覺（Ke），翻看外包裝上的說明是外在視覺（Ve），在內心問自己是屬於內在聽覺（Ai），腦海浮現比對畫面是（Vi/Ve），確認情況（Ai），最後走去櫃檯結帳是外在觸覺（Ke），整個過程就可以記錄成：

Ke ▶▶ Ve ▶▶ Ai ▶▶ Vi/Ve ▶▶ Ai ▶▶ Ke ▶▶ Exit

而他決定買下這個商品的重要步驟，就是在腦海裡不斷比對（Vi/Ve），這個比對的依據就成了他購買商品的關

鍵，因此你可以更深入地詢問：「你腦海裡比對的是什麼？」有可能是外包裝的描述與模擬使用它的畫面，也有可能是舊商品與新商品在使用上的差異，如果他在意的是新舊商品使用上的便利性，你就可以針對其需求去做說明，並分析策略紀錄。這樣做的好處在於可以觀看或是臨摹對方的內在過程，也更容易在紀錄的路徑裡，找到令他決定的關鍵點，因此要儘可能地詳問每個步驟。

也許你會這麼想：「怎麼可能在推銷時記錄別人的內在過程？」的確！沒有人會大費周章地做這麼多功夫，因此你必須在推銷的過程當中，捕捉他有關經驗的描述，譬如顧客可能會說：「我年輕的時候也有玩玩樂器啦！只是……。」那麼你就該喚起他更多的回憶與內在經驗，如果幸運，你光是喚起這些內在，就足以滿足他的需求了，這時候他會將美好經驗與商品做連結，同時你也可以在他描述的當下找出他對該商品購買的動機，這也是當個傾聽者的好處，從談話中簡明地呼應對方的感官現象，令對方進入一種淺度的催眠狀態。

　　讓對方進入催眠，有個名詞叫做「變動意識狀態」，日常許多時候我們都會進入這樣的狀態，好比你專心看著一本書，或是你專注於電視機裡的劇情，還有發呆、做白日夢的時候，這些時刻都會讓我們忽略外在的環境變化，而充分地注視內在感官。讓顧客充分描繪以往的經驗，就是讓他專心地注視內在，使你能夠易於將商品本身與顧客的美好經驗做連結。

　　我們能夠利用這套 NLP 策略分析來判斷對方描述感受時所著重的感官系統，如果他的觸覺經驗偏多，那麼你就應該多做關於觸覺上的解說，例如，使用起來有多便利、可以讓你有舒適的體驗等，讓顧客可以更快了解商品的優點，並協助他進入內在尋找與優點相契合的任何「可能」使用時機，好比顧客可能會想著：「既然有這麼舒適的體驗，也許我可以在睡覺前使用它！」

　　人類使用行動決策的過程相當之快，大部分的時候，當事人本身也不會真的明白，其行動策略的真正關鍵，好比上述的「在腦海裡不斷比對」，在語言上會被理所當然

地刪除，因為多數人在說話時，會將繁瑣的內在過程省略，所以不會表現在口語上，這些內在過程包含了許多細節，好比他在談話中腦袋裡浮現了以前買過類似商品的畫面，所以詳加詢問這些內在過程為何，就能夠成為你說服對方行動的重要依據。

　　有一件有趣的事，有次我接受委託處理感情上的談判問題，對方在開始之前與我閒聊了很久，而話題大多是與感情無關的釣魚經驗，他仔細描述如何欲擒故縱地使魚上鉤，並且分析了許多釣魚策略，待感情談判話題正式開始時，我發現他所使用的感情策略，與他的釣魚策略並無二致。

　　人常會使用同一套決策來執行不同的事，因此想要了解一個人的行動大方向，只需簡單詢問一兩件事就足夠了。當然，若以行動效率來看，這顯然不是件完美的事，因為其中存在著所謂的「行動盲點」，能在事業上飛黃騰達的策略，可能未必適用於感情生活，而這也是「任何行為在某種情況下都是有用的」之基本假設的反思。

有些業務員在拜訪客戶時，會仔細觀察屋內的擺飾與小細節，或者聊些客戶的興趣嗜好，這其中就會透露出客戶的喜好與行事風格。由於人會無時無刻證明自己的存在感與自我認同，所以這些證明都會不自覺地反應在居住的環境與興趣上的熱愛。

記錄行動策略的最基本功能，就是能夠洞悉傑出企業家的成功秘訣，你不必用理性層面去比較你與成功者的不同，而是進入他們的內心去觀看，學習重要的經營信念，以商業成功學的角度分析，條件相當的兩個人，其行動策略會大大地影響著結果。

複製成功是進入對方的內心去了解其核心思想，這世界上所謂有效的成功學，其中心思想皆來自於 NLP，然而這個紀錄法只是 NLP 策略分析的第一步，在第三章的眼球線索裡，我會以郭台銘在關於培養新生代的主題談話作為示範，更進一步將其內在過程展現出來。

現在，你可以立即起身去訪談那些成功人士，從談話中窺探他們的核心思想，由不同的思維去學習更有效的行動策略。

開始成就你的夢想！

接著，我們再更進一步運用五感來訂立目標，如同先前所體驗過的未來模擬，只要感官上的描繪夠明確，大腦就會忠實完成你的使命。然而「夢想」若不實際執行，就會真的如夢境般飄渺，話到這兒可能會有人說：「我當然知道要執行，但我現有的資金不足，不可能說運行就運行啊！」針對這點，我們可以透過**五感的具象化**，讓你從夢想者進一步推向執行者，繼而前往批判者的位置，而批判指的是調整夢想與現有狀況的差異，也就是腦內地圖與實際疆域的整合，它可以在行動前幫助我們測試，在過程中讓我們產生更多想法與方案，也可以利用它來製做一份夢想清單，將夢想在腦海裡透過模擬的方式運作，從造夢到模擬體驗，進而找到修正方向，讓夢想計畫更快符合於現實。

運用於自我激勵上，有個簡單的方法，你可以調整內在聲調的變化，比如用唱軍歌的語氣對自己說：「我想睡

覺。」接著再用氣息屌弱的語氣說：「我很有精神！」字義不會影響你的情緒轉變，但語氣卻是控制情緒的關鍵，這類的五感細項，在 NLP 稱為「次感元」。

訂立目標也可以使用次感元來達成，以「減肥」為例，單是口語上告訴自己：「我要減肥！」並無法將指令輸入腦海裡，而更有效的內在溝通，應該是讓大腦實際模擬「瘦下來的感受」，你看著鏡中的曼妙身材，你聽到周圍朋友對你說：「你真的變瘦了！」你感覺衣服在你身上是那麼地服貼。這些感官上的感受都需要仔細描繪才行，因為正確使用大腦的五感特質，讓神經鏈的突觸產生連結或阻斷，就會讓這些想像如同對大腦下達命令一樣，藉此輸入你想要到達的「目的地」，讓執行力自然而然地發生。

以下是用 NLP 訂立目標時，需要注意的幾個要點：

1　用「五感」來模擬完成目標後的感受

如同上述所說，為大腦這部強大的導航機「輸入」目的地後，它就會「自動尋求」解決的方案。各位一定有類似的經驗，當熱衷於某項興趣或議題時，在網路或雜誌上

看見相關資訊時，便會不由自主地將動作慢下來，也許你根本還沒看清楚內容是什麼，但那個驅使你去留意、關注的就是被你輸入五感指令的大腦。

2 目標訂立時，需要正面的描述及肯定的語氣

我想不會有人在導航機上輸入「我不要去台中」，因為「不要去台中」並沒有說明「你想要去哪裡」。關於目標設定這件事，比起「不要再抽菸」，還不如「擁有健康的體魄」來得更明確、更有方向。另外，**設定目標要以「自己」為主體才有得以實現的可能**，好比「我希望我老公不要再外遇」就可能發揮不了作用，還不如「我希望擁有幸福的婚姻生活」。

3 充分釐清完成目標後的整體性考量

這是溝通中最重要的一環。當完成目標後的自己，與實際信念有所衝突時，潛意識會選擇保有原來的自我，就好比你希望自己能夠賺大錢，但是你心裡對有錢人有所謂的仇富心態，認為有錢人都是為富不仁，帶著囂張跋扈的嘴臉，那麼潛意識為了保護你，讓你避免成為那種「討人

厭的人」，就會在中途將你拉回原本的舒適生活，如果你
討厭有錢人，但又希望自己變成有錢人，這樣的觀點豈不
是很矛盾？許多證據都顯示，那些突然發財的暴發戶，幾
年之後又會回到原本的經濟水平，因為他不會、也不知道
如何掌控這些金錢，如果又有仇富心態，當自己達到有錢
人的條件之後，原本存於信念中的「醜惡有錢人」，就成
了自己在有錢狀態下的有錢人指標。

所以訂立目標時，釐清完成目標後的信念是否有所衝
突，就變得格外重要。再舉個例子，如果你期許自己成為
八面玲瓏的社交高手，那麼就得先消除自己對社交高手的
負面印象。

在以下的練習裡，我將清楚為各位展示，NLP 針對
「團體領導」所設計的目標設定，當然你也可以把目標換
成任何你想要的，但同時也要注意「五感具象化」、「正
面的描述」、「整體性考量」這三個大關鍵。

練習　成功的團體領導人

1　你認為優秀的領導者應該具備何種能力？

2　在你認識或知道的人當中，有哪個人已經具備這樣的能力？

3　假設你已經擁有了這樣的能力，將對你的生活產生何種
　　影響？

4　目前尚未達到這種能力的原因為何？

5　為了具備這樣的能力，你所需要的資源是什麼？目前欠缺及
　　已擁有的資源有分別有哪些？

6　為了達成你想要的結果，首要該做的事是什麼？

7　為了跨出第一步，你願意做什麼樣的努力及改變？

8　擁有這項能力，是否會與你的認知及價值觀有所衝突？

9　完成這目標對你的意義為何？

10 達成這目標必須克服一些原有的習慣，你願意戒除這些可能
　　阻礙你向前的事情以達成目標嗎？

11 達成目標的你，會不會因此而失去什麼？是否會出現新的困
　　難及瓶頸呢？

　　想要心無旁鶩地衝刺夢想，就應該釐清自己「真正想要的」，有人日以繼夜地不停賺錢，即使日進斗金也不滿足，那麼他真正欠缺的可能不只是「金錢」，而是金錢帶給他的「副產品」。你的目標設定如何？光是思考這些問題，就足以拉近腦內地圖與實際疆域的距離了，繼而能夠更精準地鎖定目標，排除過程中可能的阻礙，例如，信念上的衝突。

　　最後幾項釐清式的發問，直接將造夢者引導至不同層次上的觀點，也就是信念上的整體考量，有些人希望事業成功，然而這可能會讓自己忙到沒有時間去陪家人，也許這點會比完成事業更加地重要，所以「家庭」也就成了該被納入考量的範疇，一但家庭方面獲得了其他解決方案，就能夠讓自己心無罣礙地衝刺事業。

　　說到這裡，所有激勵法則都告訴我們「勇往直前！」但其實有更多的成功企業家，並不採取積極勇往直前的策略，而是先聚焦於解決問題、避開風險，好比日本大創百貨的矢野博丈社長，對於大創百貨拓展店舖的計畫，首先

關注的就是投資風險與競爭危機，最後才談利潤，他也是以「擔心」出了名的日本企業家，正因為害怕大創百貨輸給其他同業，所以他不斷地解決問題。

NLP 對於信念有所謂的「進取型」與「迴避型」，矢野博丈社長就是屬於「先解決問題」的迴避型思考，而著名的商業大亨唐納德・川普，則是屬於進取的思考類型，這兩者並沒有誰好誰不好，只有情勢上的適用性。

進取型的優點是，能朝目標勇往直前，但缺點則是缺少評估、容易產生風險；而迴避型的優點是，找出問題缺失並著重於處理缺失，但缺點是太過於聚焦風險，而將原有的議題模糊化，通常評論者、醫生或老師就適合迴避型，而企劃或參與提案時，就應該採用進取型的思考。

因此，所謂**「最佳彈性思維」**，就是能夠依情勢來判斷該使用何種思考模式，溝通時也可以依對方的思考模式來決定，到底是該先討論提案的發展性？抑或是先聚焦於解決問題？

通往成功的策略：TOTE 模式

從夢想者進入執行者，五感的模擬或實際操作都可以運用 TOTE 模式，而 **TOTE 模式想要傳達的概念就是，沒有失敗只有回饋，沒有收穫也是一種收穫**。在哪些條件下會造就哪些結果？在什麼情形下又會產生什麼回應？其中蘊藏的奧秘就猶如製作一道佳餚，從火侯的掌握、調味的比例，乃至食材的選用，每一個環節都有其值得探究之處。好的廚師不但會做出好吃的佳餚，也會明白「什麼情況會造成料理不好吃」，因為不曾經歷過測試與失敗的人，就稱不上「專業廚師」。

艾瑞克森博士說：「失敗是成功的前奏！」以科學實驗者的眼光來看，若將實驗失敗當成參考數據，藉以計算其中的誤差條件，這時候的失敗就開始變得有用，而 TOTE 模式正是這樣的進階法則。做夢者先擬出一個明確的方向，並於途中設下測試點，以供細微的修正，最後找到導向出口。

　　美國心理學教授喬治‧米勒（George A. Miller）的
TOTE 模式中，有幾項要點：

　　首先，找出促成此行動、想法的背後動機（Input），
因為所有想法背後都會有個促成的念頭，即所謂的「正向
意圖」，好比一個強烈想開餐廳的慾望，是因為對料理有
相當的熱情，而這個熱情就可以成為前進目標的助力。

　　接著，就是「目標具體化」，將目標以現有的狀況來
比對，透過腦內地圖與實際疆域的修正，調整至能夠在實
際條件下可被運行的狀態，測試（Test）此目標可以如何
被實行？且最接近理想條件的狀況為何？例如，夢想中的
餐廳與現實情況的差異。

　　有了具體化的模型整合，就可以開始著手「操作」
（Operate），即運用五感的實際體驗。在過程中可能會有
新想法，有哪些優點或缺點？這些結果就是用來調整的依
據，經由這些反覆的操作運行（Operate）與測試（Test），
來得到最後的結論，進而理出一條正確的方法（Exit）。
這一連串的演進過程，可被記錄成下列公式：

測試（Test）與運行（Operate）是可循環的過程，可持續到最理想的情況產生為止。企劃檢討與改進會議也可以利用這個方式進行，如此才能針對重點有效進行討論，在分工上也能使其各司其職而發會最大效益。

另外，NLP 技巧還有個類似的「GEO 理論」：

G 指的是目標（Goal）及問題（Gap），E 是檢查證據（Evidence），O 則是操作方式（Operation），在五感的模擬運行當中，設置某些可被檢驗的證據點，藉由這些「點」所顯示的證據，來修正後續的行進方式，當然，最關鍵也最重要的檢查點，就是最終目標的達成，與 TOTE 模式所採用的方式相同，透過不斷測試及修正方向，來找到通往成功的關鍵。

2
CHAPTER

運用大腦特質，
展現更高超的溝通技巧

破解大腦密碼（一）：
結合與抽離

　　在第一章裡，我介紹了許多關於「五感」的運用，這些重要的觀念與操作方式，在本章節將更深入運用於 NLP 技巧，各位可以藉由以下的許多技巧，實際提升內在資源，精進人際關係的溝通。

　　首先，我們就來了解另一個關鍵的大腦密碼，這乃是情緒之於大腦的重要標籤：「**結合與抽離**」（Association and Disassociation）。

　　當你回想起一件愉快的經驗時，畫面中的你是以「第一人稱」來回溯那個體驗嗎？如果是，那麼你在回憶中的體驗就是「結合狀態」，又如果在畫面中能夠清楚看到自己，像個旁觀者在觀看整個過程，那麼你在經驗中所運用的則是「抽離狀態」。兩者的最大差別在於，結合狀態下的主體為第一人稱的「自己」，在視點上是透過自己的眼睛去經驗，所以畫面中看不到自己，彷彿身歷其境般地再

現回憶，因此當下的情緒比較強烈；而另一種抽離狀態，自己就好像與事件沒有直接關係的第三者般，通常沒有強烈的情緒感受，但視點較為全面與客觀。

任何經驗皆有結合與抽離的區別，即使只是想像尚未發生的事，兩種狀態也會產生截然不同的觀感，有時候光是調整結合或抽離，就能夠增強行動力，或改善負面情緒。許多無法走出傷痛的人，其負面回憶大多是以結合的狀態呈現，若提醒當事人以抽離狀態去回溯經驗，幾乎都能有立即性的改變。

「結合狀態」是以第一人稱來觀看、聆聽及感受事物，會透過「自己的視點」來回溯過程，所以情緒感受較大且強烈，可以充分經歷當下所有的細節，因此在回想美好回憶時，我們能夠捕捉當時的「身心狀態」及所有可覺察的內在與外在改變，並利用此狀態的生理證據來做為資源，在需要該資源時加以啟動。

而「抽離狀態」則是透過旁觀者的立場來觀看、聆聽與感受，利用第三者的角度去體驗、觀看事情發生的整體

經過，所以可以得到更客觀的分析，情緒也得以舒緩，因
此在生理證據上也會比結合狀態來得平靜。當我們的不愉
快回憶處於結合狀態時，可以藉由抽離的方式來緩和情
緒，避免讓自己一再陷入負面情緒當中。

　　「結合與抽離」在 NLP 技巧中扮演著極重要的關鍵
角色，這兩種「立場」會產生不同的內在感受，就好比上
場參賽的運動員與觀眾之間的差異，雖然都身處於相同的
「場域」，但觀點不同，所產生的「詮釋」也會有所不同，
其中不一定哪個比較好，還需以當事人的「真實感受」為
依據。有些事件可以使用結合去重溫，但有些使用抽離會
比較客觀，以上述的賽事為例，運動員專注、結合於當
下，而身為旁觀者的觀眾，則能夠一目瞭然地掌握整場比
賽的動向，而觀眾可以吃吃爆米花、喝喝可樂，運動員則
不被允許做這些事。

　　日常生活中我們也常經歷到這樣的狀態，現在就看看
你身邊的同事，假使他正專注地敲擊鍵盤，那麼他對於該
件工作就屬於結合狀態，稍後他也許會起身走走或轉變姿

勢（抽離），可是一旦回到座位上，身體就會再度呈現與先前相同的坐姿（結合）。

　　在人際溝通上，我們也常看到這兩種狀態的轉變，有時與人談論到某些話題時，他偶爾會改變坐姿或站姿，由此你就能夠知道他對哪些話題有興趣，哪些令他感到無聊。我曾經目睹一對感情不好的情侶，在約會中男生一旦滔滔不絕談起工作時，他的身體就會微微往前傾，並將雙手環抱於胸前（結合），而此時的女生就往後靠在椅背上，頭微仰、眼光失焦（表象系統與眼球轉動線索／抽離），顯然對話題沒有什麼興趣，可是只要工作話題停止，女生就會改變坐姿，將身體往前傾（結合）。

　　當你經過一系列的 NLP 訓練後，就能在兩種觀點間擁有任意變換的能力，一旦遇到卡住或受困的情況時，就可以用來幫助自己脫離險境，或覺察情勢的轉變，讓溝通變得更得心應手。

　　現在，就找個曾經有過的負面經驗，從中檢視你在裡頭是結合還抽離？大腦學習負面情緒的速度，遠比你想得

還要快，那些特定回憶之所以會讓人感到難過，主要是因為大腦的回憶方式都相同，如同一條負面情緒的神經鏈，當第一個畫面還沒跑完，你的大腦就準備好下一個畫面在等著你了。

你一定有過這樣的經驗，過去當下在意得不得了的事，現在回過頭去看就會覺得自己真是愚蠢，這就是因為你已經抽離當時的環境。那些你看過、聽見及**觸覺**上感受到的經驗，當他們以抽離狀態呈現時，都是一種「置身事外」的感受，你可以當個「智者」去給當時的自己一些建議，看看自己再看看事件中的其他人，讓自己從卡住的情緒中抽離。當你回溯經驗時，若發現自己在該事中處於結合狀態，就請你想像自己走出身體之外，往後退一步或是飛起來俯視自己，讓自己可以更清楚地看見自己的身體，以及所有生理證據的線索，然後一邊觀看一邊問自己「對於這件事的感受有了什麼轉變？」或是「是否有其他的內在語言出現？還是有更客觀的想法？」這些結果都會成為一種正向回饋，讓所有感受成為下一次經驗的依據。

練習　感受對方的心意

1　找一位你認識的人，一位你可以確定他發自內心認為你是個好朋友、好伴侶，或是好同事的親友。

2　想像他就站在你面前，帶著開心的笑容迎向你。

3　此時，想像你走出（抽離）自己的身體，並進入（結合）了這位朋友的內在。

4　你用「他」的角度、觀點與想法，說出「你」是個多麼棒的人，多麼喜愛眼前的這個「你」。

5　用「他」的觀點去感受「你」的美好，直到這些感受真的充滿了整個心頭。

6　現在，走出（抽離）「他」的內在，帶著這些美好的感受回到（結合）「你」自己。

7　回想剛才的美好感受，充分了解自己是多麼的重要，有人是如此地在乎自己。

NLP Made Easy

　　這個練習也能夠用來增進夫妻情感與親子關係，你可以看看在他們眼中的你是多麼地棒，從這些情感中獲得滿足，更加確定你不再只是一個人，相對地就可以控制許多惡習的延續，好比對金錢的慾望、口腹之慾等。潛意識對於某一層面的不安感，會尋求其他可被滿足的管道，好比從購物行為中得到被重視的存在感。

破解大腦密碼（二）：次感元

大腦處理外界訊息或內在經驗時，會以圖像、聲音、觸覺、嗅覺、味覺的細節方式展現，每個細項都有可能引發正面或負面情緒，好比有些創傷症候群的越戰軍人，只要一聞到燒焦味，就會立刻湧現戰爭殺戮的場景，只要一個味道就足以喚起巨大的內在創傷，這些細微的感官單位，NLP 將其稱為「**VAK 次感元**」（Submodality）。

將腦海裡的畫面做更細微的區分，就屬於「**視覺次感元**」。我們可以回想一個難忘的旅遊經驗，當你回想時畫面看起來如何？回憶的畫面看起來是亮還是暗？畫質是清晰還是模糊？是靜止不動的畫面還是連續動作？畫面是全景還是半景？有沒有個像畫框的邊界？這些看似無關緊要的小細節，其實都是大腦的「信念標籤」，好比那些你堅信不疑的信念，那些不可置信的事以及開心與難過的回憶。這些信念會在腦海裡以不同的方式呈現，也許代表你「堅信不疑的信念」的畫面是在正前方，也許是在左右

邊，而那些不確定或不相信的事，畫面可能會又小又遠，甚至是模糊且不連續的狀態呈現，這些視覺上的差異，都是大腦用來「標示」信念的方式，理察・班德勒在一次診療過程裡，就利用畫面次感元來幫助有被害妄想症的個案分辨腦海畫面的虛實。

練習　找出信念

1　找一個在你心裡「堅信不疑」的信念，例如，你如何想起你的名字？你如何確定明天太陽依舊會升起？這個「確定的信念」是如何以畫面呈現？

2　這個信念的畫面次感元為何？畫面是亮是暗？位置是遠或近？位置、大小與清晰度為何？看起來有框還無框？全景或半景？透明還是不透明？

3　把所有可觀察的細節詳細記錄下來，嘗試調整其中一項次感元，並留意內在感受的差異，例如，調整明暗度等。

4　再找出一件「不確定的信念」，觀察該信念的畫面次感元。

5　將「不確定的信念」的畫面次感元，調整至與「確定的信念」次感元相同，並留意感受上的差異。

　　這些次感元就是大腦的「認知標籤」，而這個練習的好處是，我們可以找出一件懶散推延的事，再與有熱情充滿動力的事做比較，將前者的畫面次感元調整到與後者的相同，以此方式來增強執行該事的意願，也可以循著上面「堅定不移」的次感元，在腦海裡建構一個想要完成的夢想，並把畫面調整成與「堅定不移」相同的視覺感元，讓你的大腦相信你真的能夠完成該事。

　　調整並轉換這些次感元條件，一剛開始可能會有點困難，還記得我第一次調整次感元時，過程中可是出了一身大汗，但在幾次練習後，不但調整的速度更快也更順，就在幾個月後的某天，我準備出門到一個 NLP 課程演講，赫然發現當下踏出門的畫面，就是當初在腦海裡所建構的夢想畫面，於是我開始回溯整個轉變的過程，發現當初充滿限制的舊思維，如今已變得不再重要，我已願意嘗試許多更新的方案，我對這件事不再害怕失敗，擺脫那些受束縛的思維，成了我得以完成夢想最大的推手，我將不確定的信念，轉為自我肯定的想法。

　　我們可以聽見來自外在或內在的聲音，例如，從耳朵傳來的美妙歌曲、回憶裡長輩的叮嚀，以及那些擊潰信心的自我批判，這些聲音所出現的位置，其質感也有相當大的差異。在「**聲音次感元**」的分類上，有聲音的品質、聲音的方向、立體聲（雙邊傳來）或單聲道（單邊傳來）、音量的大小、傳遞的清晰度、聲音聽起來像某個人物等。

　　只需要稍微留意就可以覺察得到，聽起來令人討厭聲音與充滿活力的聲音，在次感元上皆擁有不同的特質。想想上次受氣的經驗中，是否有任何聲音出現呢？它是來自外在的環境音，還是內在的對話呢？聲音又從哪個方向來？如果你回憶的經驗是與某人發生爭執，那不妨將他的聲音換成來自滑稽的卡通人物。

　　不可思議的是，那些時常繚繞心頭的「自我批判」，倘若能轉換成不同腔調，即使說出相同的「句子」，感受上也會有大大的改變。好比說「我是最棒的！」使用高昂的語氣與垂頭喪氣且低沉的語氣相比，前者更加令人覺得振奮吧？你可以利用這些語氣轉換，以自己敬重長者的說

話語調來勉勵自己；或用另一半溫柔的口吻來緩和情緒緊張；抑或透過說話逗趣的朋友及偶像的講話腔調來對自己的內在說些鼓勵的話。當內在的自我批判出現時，有個有趣的處理方式，你可以想想那位時常說謊的朋友，想著那個人用說謊的語氣對著你說些喪氣的話，如此一來，你就不再會相信這些評價了。只是改變語氣，就能在心態上有如此大的轉變，這就是聲音次感元的運用技巧。

 改變內在的聲音

1 找出那個常常在內在指責、批判自己的聲音。例如，「你做不到！你不可能做得好！」
2 分辨那句話的語氣為何？是你自己或某人的聲音嗎？
3 仔細判斷該話的語氣、品質與快慢等聲音次感元。
4 先試著用快速播放的方式重覆那些自我批判，或是像個沒電的唱盤般，以極慢的速度播放。
5 再試著用卡通人物的語調重覆那句話，或任何足以讓你發笑的語氣。

6　留意這些聲音次感元的改變與當下有何不同的感受。

7　幾次之後，模擬當同樣的批判再次出現時，是否能夠自動連結至改變後的語調？若效果不夠顯著，請反覆扭曲這些批判的聲音，直到能自動產生連結為止。

　　最後我們也可以將「**觸覺次感元**」鉅細靡遺地分門別類。以沮喪為例，許多人在陷入情緒的當下會這麼說道：「我的心情真是沮喪！」可是該如何辨別現在的感受是沮喪還是單純的頭痛？NLP 的特別之處，就是不討論抽象的內在感受，而是去找尋具體的生理證據（實際感受），避免受限於情緒的文字迷宮（抽象感受）裡。我們很習慣將身體的感受冠上一個「詞」，肚子痛叫做緊張，頭痛就一定是壓力大，即使這些不舒適的感覺就是要傳達這些訊息，那麼是否有另一種扭轉的方法？當頭痛被詮釋成緊張，原本身體可感受的狀態就立即被帶到一個模糊的邊界去了，因為緊張的界定遠比頭痛來得不著邊際，與其找出一大堆問題只為了解決緊張，倒不如直接解決頭痛來得實

際點。

　　尋找觸覺次感元有下列幾個要素，以頭痛為例，我問過一些有習慣性頭痛的學員，請他們描述頭痛的「動態」，他們給我的答案幾乎都是「好像整個腦袋都在旋轉」，甚至我還聽過更生動的形容：「有人在擰我的腦袋，就像我媽媽在擰抹布一樣用力！」然而「生氣」也是一樣，有些人在生氣當下會感覺胸口悶悶的，這種悶悶的感覺就好像一團煙霧在胸口塞住了，於是我請他們辨認這團「煙霧」是否在移動？有任何轉動的方向嗎？我喜歡讓學員們把感覺「具體化」成一團煙霧，因為進入這樣的想像當中，辨認方向似乎就變得容易許多，且問問他們往哪裡移動時感受會好一點？想像「煙霧」移動比想像「胸口悶」移動來得容易些。

　　當然你也可以用「手」去找出轉動的方向，同時保持狀態並覺察身體的感受，用手轉動「前、後、左、右」四個方向，利用這四個方向的轉動來比對，一定會有其中一個方向與身體的感受吻合。

扭轉頹勢的次感元技巧

1 找出一個負面的感覺，例如，挫折、失落、憤怒等抽象感受。

2 持續「感覺」這個負面感受，直到真的在情緒上產生變化。

3 具體辨認這個抽象的負面感覺，是如何反應在身體上？例如，胸口悶、偏頭痛等生理感受。

4 確認生理證據的部位後，用手向前、後、左、右四個方向轉動，直到有一個方向與該感受的轉動感覺吻合為止。

5 持續轉動它，並不斷地加快速度，直到具體感受到該感覺被加強。

6 突然停止轉動並瞬間以相同速度反轉，越來越慢直到停止。

7 當未來又出現相同感受時，試著用相同的方式扭轉之。

　　現代人講究健康保健，但卻常忽略了心理上的保健，「身」與「心」看似兩個獨立的系統，其實卻是息息相關，一個系統的阻礙，勢必影響到另一個系統的運行，然而任何的資訊交流皆如此，兩個獨立的個體，一但投入溝通的循環裡，當其中一方停止呼應與回饋時，整體的品質就會

失衡。

　　NLP 的觸覺次感元技巧，可以去除負面心態，倘若你在溝通中受了氣，或是在人前感覺不安，「扭轉頹勢」的技巧可以幫助你繞過理性層面。你不用去想著你為何不安，而是直接以生理轉動來改變心理層面，排除足以阻礙自己的負面心態。「感覺」並非無法克制，關鍵在於是否用對方法，與其追根究底地去想「壓力從何而來？」不如直接把抽象的內在感受，還原成身體的生理證據，並加以改變，藉此停止大腦與負面感受的連結，讓自己更容易控制情緒。

　　「次感元」是人類思想的更小位元，大腦把對經驗的 VAK 五感特質，組合成內在認知與抽象的詮釋，換句話說，視、聽、觸覺上的任何小改變，都會造成感受上的強弱差異，你可以試著把內在的聲音製作成一首歌曲，或是加上一些伴唱帶的迴聲特效，也可以把你悲慘的過去，變成一部詼諧逗趣的卡通影片，在畫面中放一隻可愛的小白兔如何？或是加上你喜歡的音樂也行，灑點會令你神魂顛

倒的香水味，任何有創意的改變、任意添加的次感元都能
有效控制你的大腦。

以下的表格將幫助你快速建立自己的次感元單位：

視覺次感元	畫面大或小；畫面亮或暗；動態或靜止；彩色或黑白；清晰或模糊；有框或無框；結合或抽離；距離遠近；全景或半景；不透明或半透明
聽覺次感元	左右位置；單聲道或雙聲道；音調高或低；距離遠近；單調或多層次；音量大小；清晰或模糊；播放速度
觸覺次感元	移動方向；轉動方向；感受強弱；呼吸快慢；溫度；觸感材質；感受位置
嗅／味覺次感元	聞起來的氣味；嚐起來的滋味；酸甜苦辣

現在，請你找出兩個「相對感受」的事件，好比積極
與拖延、自信與自卑、快樂與沮喪，這些性質類似卻呈現
對比結果的事件，接著利用表格中的「次感元單位」做逐

步比對，針對兩者紀錄結果並加以對照，就能夠找出此相對感受的「關鍵次感元」，例如，積極的行動力與拖延的事相比對，可能就是大腦畫面中的光線亮度，那麼只要改變「拖延」畫面中的亮度，就可以提升對這件事的行動力。

改變大腦的關鍵

1　找出兩件「相對感受」的事件，例如，衝勁十足與無精打采。

2　先找出其中一件相對感受的次感元單位，此時需要詳盡的 VAK 投射，例如，衝勁十足的 VAK 次感元……。

3　接著，再把另一件相對感受的次感元單位記錄下來，例如，無精打采的 VAK 次感元……。

4　仔細對照這兩個相對感受，各 VAK 的次感元單位有哪些顯著的差異？

5　將正面感受的次感元套進負面感受中，並留意內在對該感受的改變。

6　其中一項讓內在感受最強烈的次感元單位，就是你個人的「關鍵次感元」。

7　模擬在未來的日子裡，當再有拖延等負面感受時，能運用關鍵次感元來改變此侷限性信念。

初次見面就喜歡你：映現技巧

　　許多人有這樣的疑問：「如何在初次見面時，快速博得對方的好感呢？」的確！這是個極重要且每個人都該研究的學問，你也一定知道這是人際溝通的第一步，而本篇的映現技巧（Mirroring），將告訴你快速博得對方好感的秘訣。

　　人的所有行動皆帶著「動機」，好比業務員希望成交、人們希望計畫得以成行，因此在溝通中產生了想要說服他人的慾望，這並非不可能，只是「先後」的問題罷了。所謂的「先」，就是先打開親和感、提高信任度，而「後」才是說服與引導，若甫見面就推銷個沒完，或像身家調查地問東問西，在親和感尚未拉近以前，對方會因為這種「過於積極的熱情」而逃之夭夭。為了不讓這樣的窘境發生，我們就來了解「親和感」它到底是怎麼一回事。

　　NLP 基本假設「溝通是多管齊下」，溝通不僅限於口語傳遞，舉凡非口語的肢體動作、眼神交流、臉部表情

等，都是更有效與對方潛意識溝通的管道，心理學中的
麥拉賓法則（The Rule of Mehrabian）就提到，溝通是由
7%的口語訊號、38%的聽覺傳達與 55%的非口語訊號所
構成。

家族治療先驅維吉尼亞・薩提爾（Virgina Satir）與
催眠大師米爾頓・艾瑞克森（Milton Erickson），兩人在
問診個案的過程中，皆廣泛運用口語與非口語的呼應，藉
此取得個案的親和感與信任，有個 NLP 處理談判的例子
是這樣的，甲方請了某位 NLP 學者來協助談判，然而在
談判的過程中，NLP 學者並沒有介入談話，他只是站在
甲方的背後面對乙方，任由兩人吵得天翻地覆，然而神奇
的事卻發生了，原本堅持己見、情緒高漲的乙方，突然轉
變語氣並開始妥協，為什麼？這是如何辦到的？這 NLP
學者僅是站著什麼話也沒說，如果是我花錢請來談判，我
還真會覺得：「他幹嘛不來幫腔呢？想白領我的錢嗎？」
而他真的什麼事都沒做嗎？不！他沒有做那些多餘的口舌
之爭，但他做了最重要的「肢體映現」。

　　「肢體映現」如同字義上所示，好似「一面鏡子」，配合對方的肢體動作予以重現，是種相當友善且高層次的呼應方法，是一種契合對方「腦內地圖」的途徑，你不必強迫自己在口語上認同對方，因為肢體映現是「進入內在」且「無從抗拒」，因而成為對方「回饋環」的一部份，所以對方會將你納入「自己人」，你會抗拒鏡子中的你嗎？答案是「不會」！（當然我不是指美醜的問題，但如果你的抗拒是因為想到外表美醜，那麼你將因為擁有 NLP 技巧，而變得更迷人。）你不可能否定鏡中的那個人不是你，因此當你的映現成為回饋環之後，你就成為「他」的一部分。對方的動作透過你的眼睛觀察，進入你的腦內轉為外在的模仿，而當對方的潛意識收到「呼應」訊號，也會跟著給予回饋，這就是大系統下的回饋環運作。

　　而肢體映現該如何使用？可以利用交談中可觀察的「肢體動作」來重現，就像舞會上兩人你來我往，一前一後地相互配合（映現），最後再將氣氛帶到最高潮（引導），對方笑你也跟著笑，說話細語你也跟著輕聲，身上

任何的頻率都是可以呼應的關鍵，簡單就可以讓對方覺得被認同，拉近彼此的心理距離。

有人曾以高速攝影機拍下情侶用餐的情形，研究後發現，關係融洽的情侶有大多數的時刻，動作幾乎呈現「同步」，這也意味著兩人信念、價值觀的一致性，因此我們可以有個初步的結論是：「人們對於與自己有相同特徵的人，會產生莫名的好感。」好比球員穿上球衣後，會特別有向心力，在異地遇見同鄉也會倍感親切。

然而每個人的外在訊號那麼多，有些人氣得邊說邊踩腳，女生害羞時會拼命拉頭髮，總是有許多映現起來覺得尷尬的動作吧？若以重點來論，到底又該注意些什麼呢？其實映現的關鍵多集中於上半身，例如，臉部肌肉的緊張與放鬆、手部揮擺的動作大小、呼吸的快慢深淺、說話語調的高低、眼球的轉動等，針對這些重點作為依據，只要在適當的時候予以再現就可以了。

以下我就以對話的方式來示範：

A：「最近台北的天氣真是不穩定（皺眉頭），一下冷一下
　　熱，有時候都不知道該穿什麼衣服才好（說話的同
　　時搖頭並放鬆肩膀）。」

B：「對啊！台北的天氣真的不穩定（皺眉頭），我就常常
　　穿個大外套到公司，結果中午的天氣熱到我想把外
　　套脫掉呢！（說話同時搖頭並放鬆肩膀）。」

　　B 呼應了對方的口語訊息「對啊！台北的天氣真的不
穩定」，同時也回敬對方皺眉頭的外在表象，這樣的多管
齊下的溝通方式，主要在於「與對方形成一個循環的大系
統」，對於訊號展現出同理的傳遞，進而引導至下一步
驟。A 在意識層面得到了 B 的口語認同，同時 B 的肢體
動作映現，也與 A 做了更深層的內在溝通，達成口語與
非口語的「多層次雙向溝通」。

　　我們再來看看另一個示範：

B：「你好！初次見面請多指教。」

A：「嗯！你……（頭轉向上皺眉頭想事情的樣子）我們

是不是在哪見過面？」

B：「嗯！好像……（頭轉向上皺眉頭想事情的樣子）這麼說來我也有點覺得。」

這次 B 使用的是「語氣」上的映現：A 剛開始使用語助詞（嗯！）之後又拉長語氣（你……），而 B 也採取相同的回覆方式。為了方便各位理解，所以這個示範採用簡單易懂的方式呈現，在使用語氣映現時，要注意千萬不能讓對方意識到你有意的模仿，倘若對方說話有結巴傾向，你映現了對方的結巴，反而會讓對方有種被嘲笑的感覺，所以請各位在使用時要特別小心。

「對方一直沒有說話，忙著做他自己的事，這時候該怎麼辦？」也許你會遇到這樣的情況，這時你只需要映現對方的身體頻率，即行動速度、頻率等，所有察覺得到的頻率都可以，好比對方眨眼睛、呼吸時帶動肩膀的移動，當然你也可以在稍後回應較大的動作，抑或同步對方的眨眼頻率，只要是所有非口語的頻率都能予以映現。或許剛

開始練習時會有些困難，不過只需要一點時間就可以熟練，找個親朋好友來一同練習，同時透過這個練習來培養更細微的觀察能力，去發現一些以往不曾注意的細節。

常接觸不同類型人士的主管階層，面對性格敏感或自我主張較強的事業夥伴時，若能在口語溝通當中加入非口語映現，就可以在過程中有效緩和情緒緊張，當對方放鬆心情，溝通上自然就比較有彈性。

另外有個簡單又好用的練習方法，你可以找個視野良好的咖啡廳坐下，從觀察路人的腳步開始，看看他們的腳步快慢、呼吸深淺，相信你會得到一個有趣的結論，那些成群結隊且互動良好的群體，身體呈現會比較一致。

觀察對方的身體語言

1 找個舒服且視野良好的位置坐下。

2 隨機觀察路人的腳步快慢、呼吸頻率及任何可覺察的身體頻率。

3 將觀察得到的身體頻率以其他方式呈現，例如，用自己的呼吸頻率來映現對方的腳步速度，或以自己的手勢來映現對方的眨眼頻率。

4 在未來的日子裡，可以更快速掌握對方的身體頻率並予以映現。

　　另外，「眼神」在心理學上的研究也是個強而有力的工具，專注且誠懇地眼神交會，也同樣具有增進親和感的魔力，因為眼神接觸代表著「被關愛」與「參與感」，而接觸的時間長短也暗示著關愛與在乎的程度，談話的同時只要注視對方眼睛大約 4 到 8 秒，就能讓對方擁有被尊重的感受。那些經常會報或舉辦大型演講的商務人士，若能多點眼神交流，就能讓聽者有被尊重的感受。

　　「親和感」是溝通成敗的先決條件，與其想著「要講什麼話才得體？」不如使用肢體映現來契合對方的世界模型，然而有人會這麼想：「肢體語言早就不是什麼新聞了，拜託來點厲害的招式！」那麼我就套用艾瑞克森博士的一句名言：「所謂的呼應，其實就是催眠！」就因為肢體映現簡單又好學，所以更容易被大家忽略，任由話不投機的情形一再出現，遍尋不及真正的問題所在，以為是話說錯了，或是自己的談判優勢不足，然而 NLP 的基本假設早就給了指引：「抗拒就是呼應不足的訊號」，對方不願意聽你把話說下去，就是呼應不足所產生的結果，此時你只需要加強呼應就夠了，因為認同他人的世界模型，在對方的內心與之相遇，這樣就能讓對方卸下心防，繼而讓對方接受你的觀點。

超有效的人心說服術： 核心提問技巧

使用肢體映現取得親和感後，下一步又該做什麼呢？
各位還記得溝通有個基本的大原則嗎？

接著我們就來學習如何引導對方，怎麼有效說服人
心，以及具體方法為何。

「引導」就是將對方引領至原訂的方向，好比促成消
費，或是簽訂合約，也就是溝通金字塔中「明確的目
標」。若更廣泛地運用，不但可以用來說服他人，你更可
以透過「NLP 說服技巧」來構思提案、推銷產品、激勵
人心及實現計畫。經由學習這套公式，你也能夠掌握說服
人心的關鍵。

　　首先，我們要瞭解對方言語中透露的基本需求，也就是前文中不斷提到的正向意圖，任何尋求幫助或是上門的顧客，且先不論是否有足夠的消費動機，對於眼前的產品，至少都有某程度上的基本需求，若能「呼應」並「重視」其基本需求，就等同與當事人的「內在」處於同一陣線，也許顧客一開始並「沒有足夠的金錢」來買下這個產品，但解決了這項基本需求，或許他就會主動排除其他的阻礙，這時候提供更多的優惠方案及付款方式，顧客就會往內在說服自己「這是否可行？」而不再只是一開始的「我現在不能買下它」。又例如買賣房屋，也許顧客真正的內在需求是「家庭生活」，那麼與其強調格局及價錢，不如呼應對方對家庭生活的期待，好比多出來的房間可以當作嬰兒房，或是小孩子就學的便利性等；如此一來，就可以有效提高對方接受產品的意願，引發更多、更強烈的消費動機。若以 NLP 心理學的角度來類比，任何改變都需要足夠的資源，有了足夠的資源就能夠刺激行動，而這些激發就是來自於「更多的呼應與基本需求的滿足」，重

視對方的需求，不能只是說說口號或是假裝重視顧客，而是用對方的期待（語言）來完成有效溝通。

　　接著，就是強調這項結果所帶來的「好處」，以公司企劃案的推行方面來舉例，「這企劃案的推行，將減少公司 40%以上的成本開銷！」若只是這麼說，可能會讓其他同事在心裡想著：「公司賺錢我又沒賺錢，我幹嘛支持？」如果把句子改成：「這企劃案的推行，將減少公司 40%以上的成本開銷，我們下半年度就不必那麼辛苦，要是運行得不錯，搞不好還有加薪的機會！」強調不單單只是公司或團體的利益，個人也能因此得到好處，這樣的說服方式將原先的團體利益轉向個人利益，差別只在於說法上的不同，方案內容並沒有因此而改變。人對於新的方案或改變，首先想到的都是自己的利益層面，利用這雙贏的方法，就能夠讓部屬沉浸在輕鬆的氣氛中，光是想著加薪與休假，就會比平常努力個好幾倍。

　　第三，就是這項結果所帶來的「改變」，企劃案的推行或商品本身會為當事人帶來什麼改變。以補習班為例，

強調「擁有好的學歷，就等於擁有美好未來」，此時只要在對方猶豫不決時，加強學歷、工作與美好未來三者間的關係，將原本的因果關係轉化成複合式相等，讓當事人對未來產生美好的想像，並意識到「這裡就是人生的轉捩點」，如此強調結果所帶來的改變，主旨就是要讓當事人藉此感受到絕對的提升。

最後一個法則就是，為了達成這個結果所需的「資源」，這裡所提到的「資源」，若運用在銷售方面，可以將其類比成「金錢」，即使是大金額的數目，也儘可能地包裝修飾，好比「只要省下喝飲料的錢，就可以擁有美滿幸福的人生」，將所需資源儘可能地縮小與簡化，再說得更簡單一點，就是「不需要昂貴的價格，不需過多的努力就能輕鬆擁有」，一個再平常不過的例子，特價 799 元在觀感上就會比 800 元來得少。激勵團體士氣也是一樣的道理，與其搬出龐大的目標，不如把計劃分門別類地切割成小單位，正如同 NLP 基本假設中「越小的工作越容易處理」，減少計畫中所需的資源並有效運用。

　　每個人能「被說服」的關鍵不同，因此必須逐一在言語中加入這些條件，一項一項地慢慢嘗試，並留意當下任何口語與非口語的反應，在幾次言語往來後，應該就不難掌握著那個足以說服對方的關鍵，這就是溝通者應該要具備的說服力法則。

利用心錨獲得自信

　　成功人士在語氣與心態上，都擁有高能量的氣勢與穩固的立足，因此我們來學習透過 NLP 獲得自信的技巧，了解它該如何辦到，以及它對溝通品質又是如何產生影響。

　　「自信」包含了許多的自我暗示與預期結果，有自信的人在社交活動中會讓人感覺更有魅力，說話談吐也顯得比較放鬆與自然，英國鄧迪大學（University of Abertay Dundee）有項研究指出，有自信且心態放鬆的人更容易展現魅力，放鬆多寡關乎著壓力指數的高低，壓力指數越少，體內荷爾蒙皮質醇就越少，也就越能散發出迷人的魅力。

　　自信不足可能來自於各種原因，例如，外在條件、社會地位、壓力或霸凌事件，對自己沒有信心，往往容易有「自我批判」的內在過程，老是責怪自己不好，過度在意別人的眼光，嚴格要求自己在社會上的表現。

　　而「消極心態」其實就是一種壞習慣，一但開始這麼

做，以後都會這麼做，倘若過程中得到了所謂的「好處」，好比更多關懷或安慰，就會日益加深這樣的行為／情緒。另一個在溝通上常見的問題就是「過於害怕說錯話」，總認為說錯話或做錯事就像世界末日一樣，原本可以很輕鬆進行溝通，卻因為背負著過多的緊張，而變得患得患失，這樣反而更容易出錯。

那些經常發生，或是偶發的特別經驗，大腦都會記下所有伴隨的刺激條件，在心理學上稱之為「古典制約」（Classical Conditioning），意指回溯曾經的人、事、物時，常會隨著其他條件一併出現。譬如，聽見一首歌，腦海裡湧現兒時的記憶、遠方飄來的飯菜香，於是突然想起故鄉的母親。

「心理學上早就發現的事，卻沒人想到要去利用它？」NLP 創始人理察・班德勒這麼揶揄傳統心理學，傳統心理學研究出這樣的連結反應，卻從沒想過這是個可以利用的好方法。如果鈴鐺可以讓心理學家巴夫洛夫的狗流口水，如果指甲刮黑板可以讓你寒毛直豎，那麼我們就

可以使用任何的物件來引發更多的內在反應，NLP 以這樣的概念發展出了招牌的技巧：「**心錨**」（Anchor）。

班德勒博士第一次發現心錨的過程，是個有趣又耐人尋味的故事：有個個案走進治療師的診間，愁眉苦臉地抱怨自己有多糟糕，當說到一半的時候，治療師把手放在他的肩上說：「我會努力把你治好的！」說完就開始一連串的治療，個案果然也感覺好了一點，於是連忙道謝準備離開診療室，臨走之際，治療師又把手放在他的肩膀上說：「我真的很開心！」於是個案便愁眉苦臉地走了出去。

就好比船靠岸時會拋下「錨」一般，回溯經驗會將情緒以視、聽或觸覺的形式標記，設下一個可供開啟的開關，而故事中的治療師，顯然不知道自己已經幫個案下了抱怨的心錨，所以原本已經改善的抱怨情緒，又因為手放肩膀的動作而被喚起。這個心錨的小故事雖然是負面的，但在正面情緒上也有許多同樣的例子可供參考，好比運動員的勝利動作、護身符帶來的安心感等。

心錨的設置需要經驗的回溯，所以這過程中需要運用

到 VAK 的經驗描繪，以下我們就來逐步練習心錨技巧。

 利用心錨設定自信

1　找一件有自信或有資源的經驗，例如，成功交易一則買賣、
　　成績卓越的比賽。

2　閉上眼在腦海裡以第一人稱（結合狀態）重溫該經驗，並詳
　　細回溯當時的 VAK 次感元（看到什麼？聽到什麼？外在觸
　　覺與內在感受）。

3　此時留意內在變化，置身於該經驗裡，直到再次感覺到「有
　　自信」（此感受將由弱轉強，待感受攀升至高峰時，緊握左
　　手拳頭約 10 至 15 秒）。

4　放開拳頭並中斷剛才腦海裡的內容，動動身子或喝個水。

5　用與剛才相同的力道緊握拳頭測試，並仔細覺察內在感受的
　　變化。

6　確認此時的呼吸與身體姿勢是否與剛才「有自信」的狀態
　　相同。

7　模擬在未來的日子裡，在任何需要自信狀態的時刻，緊握左
　　手拳頭試試。

　　施展心錨技巧，有幾點需要特別注意的地方，首先是 VAK 的「投入度」，回溯的當下需要完全地投入，情緒感受及內容細節也要儘可能清楚，有些學員告訴我：「這些心錨沒太大作用！」但這多半都是設定時不夠投入所造成的，只要經過一連串有效的引導後，就能夠發掘出更多被忽略的細節，心錨也能因此發揮最大的效益。

　　其次是下心錨的「時機」，人類的情緒起伏通常呈拋物線狀，情緒一開始會先由低往高爬升，待攀至最高處後，就會往下遞減，因此我們在下心錨時，必須抓住情緒的「最高點」。

　　最後是下心錨時的「純度」，肩膀、手掌這類常被碰觸的位置，可能會因為日常的接觸而失去純淨度，所以必須找個適當的位置與手勢來當做下錨點，當然前面也提到，任何不相關的刺激都可以當成心錨，你可以選擇在聲音或圖像上做刺激。

　　有學員這麼問我：「坊間教的都是將心錨用在自己身上，能不能將心錨運用在別人身上呢？」當然可以！而且

方法很簡單，心錨宛如一個「情緒啟動器」，你可以設置在任何人與任何情緒感受上，譬如朋友聽笑話聽得哈哈大笑，你就可以趁他笑得面紅耳赤之際，碰觸他一段時間，日後就可以啟動這個「大笑心錨」來延續上一次的歡愉氣氛，心錨的運用可以千變萬化，你可以問問對方上次買車的經驗，問他是多麼地「想買」呢？請他詳細地形容細節（VAK），並偷偷下個心錨，何時啟動呢？在他猶豫不決時。

高效率的時間規劃：
過去、現在與未來

　　記取過去的經驗，從現在的自己出發，並模擬未來的行動模式，NLP 將這樣的技巧稱為「時間線」（Time Line）。

　　人類大腦對於時間軸有一定的概念，那些過去發生的經驗，大腦會將其投射安置於一個「空間點」上，所謂的空間點就是，以一個有限或無限的場所為範圍，將時間以空間的方式呈現。譬如，上個月的星期五被大腦安置於自己的「十二點鐘方向」，未來的某一刻又被放置在三點鐘方向，這些以空間位置呈現時間的方式，正好把時間軸給「具象化」，讓我們可以依需求自由地來去。

　　每個人都擁有可以在時間線上自由來去的本領，猶如卡通中的時光機一般，回到過往去改變遺憾的感受，前進未來去模擬體驗，所以請各位找一件每天都會發生、沒有強烈情緒的事來找尋，譬如刷牙這件事，每個人每天都會

刷牙，那麼昨天早上進行刷牙時在哪裡？前天又在哪？一個月前？或半年前應該出現在哪呢？把這些位置用一條線連起來，這就是屬於自己的時間線。

不過並非所有時間線都是一條直線，有人是呈曲線伸展，也有人呈斜線方式，當然更有人是迴旋的漩渦狀，這沒有所謂的好壞，也沒有標準答案，同時也意味著每個人認知與價值觀的差異。

然而，時間線是可以被重新設定的，剛開始你可以試著任意改變這些位置，如果你的「半年前」在正後方，那移動到正前方如何？你會有什麼感受上的體會嗎？你的童年若在左下方呈現，你何不移動到正上方？感受也有所不同吧？

且不論你的時間線呈歪斜式或螺旋式，都可將其改變為兩種基本的呈現：當下型（In Time）與環視型（Through Time）。**當下型**：時間線呈直線延展，由前往後地穿越身體，過去在自己背後，未來在眼前，透過這種「結合」在時間線上的方式，讓當事人更聚焦於未來目標，投入當下並無視時間的流逝，適用於需要短期衝刺的

人，因為沒有時間概念，所以可以專心於眼前的目標達成。

環視型：身體處於時間線外，在眼前由左往右地延展，過去在自己左邊，未來在自己的右邊，有點類似把人生攤開在自己面前一般，過去、現在到未來，都可以看得一清二楚，這種「抽離」的時間線呈現，可以讓當事人隨時取用過去的經驗，也能有效避免侷限於當下的情緒，因此有利於時間規劃與管理，相較於當下型更容易感受到時間流逝的壓力，適合於需要管理或從事設計工作的人。

這兩種時間線的呈現，可以有效運用於職場與人際方面的規劃，一個新計畫的進行，可以藉由當下與環視兩種方法，得到不同的結果。譬如，進行改進檢討會議之前，你可以將自己的時間線轉換成環視，觀看自己曾有過的相關業務經驗，進而給予改善的建議，然而像考生這類需要「考前衝刺」的人，就可以將其時間線拉成當下型，讓他心無旁騖地不被過去的失敗困擾，好好地準備接下來的考試，說完了這兩種好用的時間線調整，接下來將與各位介紹**「時間線上的移動」**。

具體掌握人生動向：
時間線上的未來模擬

　　在時間線上移動，能夠有效擺脫受困的窘境，透過回溯及時間快轉來跨越時間的藩籬，讓觀點得到進一步的提升。

　　首先，找出讓自己感到困惑的事情，好比職業去留的茫然，或是抉擇上的舉棋不定。然後，讓自己站在「此時此刻」的時間點上，從你的眉心投射出一條直線向前，線的前方就是你的「未來」，而「過去」與當下型的呈現相同，在你的背後。

　　接著，回想一個足以探索「初衷」的過去時間點（例如，剛從學校畢業時，滿腔熱血的曾經，抑或是剛踏入這個行業，對未來抱著無限希望的自己。）在時間線上一步步地往後退，直到你認為「那個初衷的發源時間點就在這兒」為止，請完全交由直覺判斷，不必進行過於合理的推斷。

充分投身在當時的情境中，你可以看著那些畫面，聽著當時的聲音，還有內心滿腔熱血的感受，好好地重溫那些美好且充滿鬥志的自己，儘可能去回溯所有的體驗，並在適當的時機設下心錨。

回到「此時此刻」的時間點上，找出未來已經克服這些困難的某一時刻（也許是事件完成的一個月後，也或許是事件完成的隔天），往前走向「未來的時間點」，站在位置上去看見、聽見，並感受未來已克服此困難的自己，接著轉過身去，向此時此刻的自己說些激勵的話，或是給予具體的改善。從「未來的時間點」退回「此時此刻」，站在這個時間點上啟動剛才的心錨，並同時吸收未來給予自己的建議，讓自己充分沐浴在這些豐富的資源裡。

不論職場或人際關係上，都可以利用時間線的移動，來找回過去的初衷，與來自未來的建議，有時候造成困難的並非事件本身，而是觀點所帶來的限制，突破限制並整合資源，就可以讓自己在泥濘中脫困。

一些尚在進行中的計畫，也可透過「未來模擬」而獲

得體驗，就像電影中的時光旅行一般，比「現實」更快體驗成功後的喜悅，也可以因為觀點的轉換，改善現今的營運方針，相當益於團體及個人的未來展望。

使用未來模擬時，可將時間點設置在「計畫完成後」，前進未來去模擬當時的視、聽及觸覺感受，留意過程中體驗到了什麼，還有什麼是可以改善的，以及是否與現狀有出入之處，那畫面也許是帶領著團隊衝到業績高峰，你聽著夥伴們歡呼的聲音，你看著報表上的數字往上增加，內心有著前所未有的感受，此時的你又想給現在的自己什麼建議呢？還有什麼是需要改善的？注意當下便能察覺那些被遺漏的細節。

舒緩情緒，擺脫緊張的糾纏

面對陌生人或初次會晤，以及即將面對的不可控情勢，每個人多少都會感到緊張，適當的緊張可以幫助我們提高警覺，遠離危險的情境，然而過度的情緒壓迫，則可能造成說話結巴、身體僵硬、腦袋一片空白等生理反應，加上皮質醇的大量分泌，個人魅力也跟著大打折扣。

NLP 的基本假設中有「任何行為在某種情況下都是有用的」，所以雖然情緒對於人類而言都有著「保護」的作用，但並非「有情緒」就是件「不好的事」，以懼高為例，因「恐懼情緒」所造成的雙腿發軟、兩眼發昏，會讓你不想再前進，免於跌落山谷的風險，適當的恐懼能讓你避免暴露於危險，但極端的害怕或不適切的反應，則可能造成生活上的困擾，所以舒緩並轉換情緒，自然成了一件重要的事。

有些人會察覺想像所帶來的威力，以視覺次感元作例子，那些生理上的恐懼症狀，大多都出現在「事件發生

前」，當事人在還沒經歷事件的時候，大腦就已經主動建立了大量的恐懼畫面，想著自己會被雲霄飛車拋向空中，想著電梯會快速墜落地面，光是這些畫面，就足夠教人嚇得兩腿發軟、冷汗直流了。

於是我們知道「想像」往往是形成恐懼的重要關鍵，常常事情還沒開始就在腦海裡跑完結局，所以我們可以利用五感系統的次感元單位，去改變、轉換這些不必要的想像，你可以任意轉換成你要的顏色、聲音，進行結合或抽離。

也許你有過這樣的經歷，越是意識到不要讓自己緊張，就越容易進入緊張的情緒，越是想克服就越來越糟，因為大腦的指標特性，無法處理否定字彙，只能知道「要什麼？」無法知道「不要什麼？」所以這也是理性控制發揮不了作用的主要原因，因此我們可以利用 NLP 的方式，先拋棄理性勸說，改以生理證據來改變內在感受。

NLP 的創始人之一，同時也是語言學家的約翰‧葛瑞德（John Grinder），提出了以下的「**狀態轉換法**」來緩

和情緒，此概念後來發展成New Code NLP，藉由生理的改變來影響心理層面，方法簡單且隨時可用。

 擺脫緊張的糾纏

1 先確認抽象形容的生理證據為何？例如，因緊張所造成的胸口緊繃。
2 以鼻子深吸一口氣到底，摒住呼吸並數四個單位。
3 接著用嘴巴將氣完全吐出，同樣也摒住氣息數四個單位。
4 反覆吸吐五分鐘左右，直到你的生理證據有明顯改變為止。

　　生理上的變化會影響心理狀態，當心態上有所改變，行為／情緒也會跟著不同。克服情緒還有個簡單的方法，每當進入某負面情緒時，先別急著給予抽象形容，你可以先留意當下的生理證據，例如，呼吸深淺、說話語調與身體呈現為何。接著試著改變其中一項，也許就有了結合與抽離的轉變。

　　這些「情緒的前兆」可以讓自己更快掌握他人的內在

狀態，舉個例子，我以前曾經度測我的電腦公司老闆，當他手托下巴、嘴角向下時，就表示他正在想著「錢」的事情，這時候最好不要去煩他，不然他會把錢的苦惱往你身上堆，那他什麼時候是開心的呢？就是他整體動作變得輕盈，說話聲音變輕且短的時候，這時候問他「要不要跟大家一起去吃飯？」他不但會答應，而且還會請客！

快速扭轉想法：換框技巧

NLP 的延伸觀點中認為「事件本身並無特定意義，端看當事人賦予的看法為何」，意指事件本身會因為認知不同，在詮釋感受上也會有所不同，好比杯中的水會產生「剩下一半」與「還有一半」的兩極觀點，因此相同情況會因為價值觀上的差異，而有了認知的不同。

人生不可能事事順心，而我們又該如何看待這些不如意呢？就如同艾瑞克森博士所說：「挫折乃是生命中最好的粗食。」精緻的食物固然美味，但食物裡原有的營養，卻不及粗食來得多，將挫折看成生命中必要的粗食，以積極的態度去面對，才能給自己心智一個成長的好機會。

NLP 的「**換框技巧**」（Reframing）給了我們一個簡單的轉換模式，以意義與場域等多重觀點去觀想，賦予其全新的框架，提供了更多的可能性，由以下的內在語言做為示範：

「我不太會表達自己，所以在團體中是個不受注目的人。」（換框前）

「我不太會表達自己，所以我要學習 NLP 成為優秀的溝通者。」（換框後）

換框並非一味地將事情轉成正向思考，而是重新詮釋該事件在其他層級上是否還有另外的意義，是否因為場域、意義的不同而產生新的結局。曾經有個人告訴我：「我再也不想對著別人大聲叫了！」於是我問他：「有沒有可能，在哪種情況下，對著別人大吼大叫是適當的？」他想了想說：「有！如果我家遭小偷，我就會對著小偷大吼大叫。」任何行為在某種情況下都是有用的，因此，**「換框」就是將思考邏輯轉至其他層面，藉此跳脫受束縛的當下。**

換框技巧分為兩種，一是「**意義換框**」（Content Reframing），另一個則是「**環境換框**」（Context Reframing）。以上述的大吼大叫為例，其種類是屬於環境換框，是一種場域的變換，將行為放置在更適合的情

境。以「群體攻擊」為例，看到這字眼的同時，可能會讓人聯想到頭破血流的恐懼畫面，若將場域轉至美國 911 事件，聯合航空班機上的乘客協力對抗劫機犯的行為，就提供了該行為更合理的場域，因此沒有錯誤的行為，只是被放錯情境罷了。

　　環境換框若用於管理階層，在檢討策略方針或企劃案時，應避免直接指責對方行為上的錯誤，通常被指責的一方，不會想到「這些指責」是因為方案的不適當，而是直接聯想到「被罵了！自己的想法被否定了！」繼而產生憤怒或卸責的反動，當然也就更不能服從接下來的指揮，面對這樣的情況，只需要把該行為轉換到更合理的場域就行了，好比：「我也覺得你這個想法不錯，我不想放棄這個做法，下次若有更適合的情況，我可以再試試看這個方法，同時你再仔細多想幾個方案，是關於這次的企劃……。」這時候的當事人就會認為：「並非自己行為上的錯誤，只是現在的情況不適當。」間接式地激發他更多的想法，保持工作團隊間的鬥志，更能深得夥伴們的青睞。

　　溝通有著許多不同的層次，以常見的青少年問題為例，結交了朋友就變得徹夜不歸，身為父母說破了嘴，也無法讓他們離開那些朋友，這時候就該思考一個更重要的問題：「那些朋友給了自己的小孩什麼？」我指的當然不是給了金錢或毒品，而是那些朋友的互動方式，已經呼應到了小孩子的內在需要，他得到了家庭生活所沒有的內在感受，好比出風頭、自尊心等，而這就是我們學習 NLP 的最主要目的。我們有了這些高段的技巧，就可以將溝通定位在「如何滿足對方的內在需求」，倘若你說的話無法勾起對方的內在感受，那麼這句話就只是說教，對方一個字也聽不進去，每一句話都應該針對內在去說，也正因為每次都呼應對方的內在，聽者就會更深入去思考此話的意義，藉此將溝通的效率發揮到最大，這是身為領導者必須學習的溝通法則。

　　接著，我們來了解何謂意義換框？簡單地說，此換框法的精隨在於「**重新思考這行為／情緒對你而言是否還有其他意義**」，以「**憤怒**」為例，憤怒為你帶來的另一層意

義是什麼？那些足以讓你產生憤怒情緒的事件，是否代表著此事件正與你的價值觀有所衝突？從情緒中抽離出來，並了解引發此情緒的真正原因，以及它背後的正向意圖。

這麼做有個好處，有人會把這些意義當成人生課題，好比因為他人的成就而產生忌妒的情緒，那麼是什麼引發這個情緒？這個情緒的訴求是什麼？它是否正激勵著你向前？讓它成為指引你的明燈。透過意義換框法去尋找價值觀，這個價值觀就是人生蛻變的重要關鍵，而不再只是一味地壓抑負面情緒，而忽視了該情緒的正向意圖。

 意義換框

1　找一件足以讓你陷入負面感受的事情，並以一句話形容「這件事」，例如，我身材比較胖，所以大家都拿我當笑柄。

2　此類的語句形式大多為：因為我（事實），所以我（結果）。

3　重新檢視該「事件」對你而言是否還有「其他層面的意義」，或是足以當成課題的方向，並找出五個它帶給你的「正面意義」。

4　再將五個「正面意義」取代原來消極句子中的「結果」，大
　　聲並清楚地在心裡唸出來，例如，我身材比較胖，所以我要
　　比其他人更注重儀容；因為我比較胖，所以我要更妥善規劃
　　生活習慣；因為我比較胖，所以我要過著無所拘束的生活。

5　當你唸出這五個「換框後」的句子時，請以 VAK 在腦海裡
　　建構，透過第一人稱的結合狀態模擬你真的身體力行這五項
　　行為的畫面，例如，你正從容不迫地整理儀容；你在人前悠
　　遊自在地大笑。

6　中斷建構畫面，動一動身子以抽離該狀態。

7　未來模擬，往後的日子如果又陷入此負面感受，或遇到該議
　　題再度被提起時，你可以迅速地轉換框架，並留意感受上有
　　了什麼提升。

　　荷蘭的一份調查發現，對生活抱持樂觀態度的人，罹
患心臟病或中風的機率低於悲觀者的一半，而賓州大學的
馬丁・塞利格曼（Martin Seligman）教授也證實，心情低
落與抑鬱，會造成免疫系統退化，而樂觀正面的態度，則
在身體機能的平衡上有著莫大的幫助。對未來抱持高度期

望，不僅能夠活得長壽，生活也會比悲觀的人更順遂。

換框技巧除了能夠解決複雜的內在衝突外，與他人的外在衝突也同樣有效，當自己因為別人的一個行為而被激怒時，你可以換個框去思考：「是什麼引發了我的憤怒？對方的行為在哪個情況下是管用的？」人擁有許多行為，任何一個行為都不能等同於該人，因此最好在立場上保持中立，敞開心房去同理自己之外的第二人稱。

複製成功的方程式：卓越狀態

　　肢體語言比口語更容易傳遞情感，所以身體儀態的展現，幾乎可以決定給人的第一印象，美國哈佛大學的一項研究中發現，「有效的溝通訊息，在非口語方面就占了55%」，人際溝通中的肢體呈現，成了說服對方的重要關鍵，好比可樂廣告想要強調清涼，與其說得天花亂墜，也比不上一個冰塊從杯子滑落的畫面，因為你的大腦更相信這些 VAK 次感元。

　　而所謂的「言行一致」，指的就是口語與肢體的表現吻合，當言行開始不一致，人們多數會選擇相信非口語的傳遞，下列的例子說明了箇中差異。

　　A：「你看起來垂頭喪氣，不舒服嗎？還是有心事？」
　　B：「喔！沒有吧！」（深嘆一口氣並肩膀下垂）

　　即便口頭上說了沒事，非口語訊息仍洩露了天機，內外在狀態的不協調，在 NLP 中稱為「**同步不一致**」，請各

位再參考下列例子。

　　A：「所以這整件事根本就不是你想的那樣。」

　　B：「好吧！你說服我了。」（搖搖頭說）

　　對話中，B 的身體直接傳遞了不認同的非口語訊息，這是我們常見的溝通情況，對方的肢體呈現與口語答辯有著極大的落差，這時候乃是內在信念有所衝突的訊號，你可以抓住這個時刻，使用我們前面學到的「核心提問技巧」，去引導對方說出真正的想法。「雖然對方對著我笑，但我還是覺得他不懷好意！」誰有過這樣的經驗？這是大腦所產生的「直覺」，也是我們接收了非口語訊號所產生的感受。

　　我們將透過以下的練習，用以提升大腦的直覺，從日常的人際溝通中讀取不一致的非口語表徵。

大腦直覺訓練

1 兩人一組，B 跟隨在 A 後方約三到五步的距離，請 A 以自然的方式走路逛街。

2 同時 B 儘可能重現 A 的肢體動作及任何可以察覺的細節，同時留意自己對該行為的詮釋。

3 約十分鐘後，請 B 分享過程中的心得，並針對其觀察的細節做一陳述並詮釋 A 的內在想法。

4 交換練習並分享心得。

有件你應該知道的事，當某人進入某狀態時，你只需要臨摹其動作、呼吸，就可以約略推估其想法，因為人類大腦的邏輯迴路並無二致，例如，經過麵包店時靠近櫥窗代表著什麼意思？這是我的一個親身經歷，有天我與一位老朋友見面，我們兩個邊走邊聊，她欲罷不能地說著婚後生活，我注意到我們兩人的腳步與呼吸頻率相同，突然間我這麼問她：「妳懷孕了嗎？」她訝異地看著我說：「天啊！你怎麼知道？」因為就在我留意腳步頻率的同時，我

發現當經過嬰兒用品店、玩具店時,她就會不自覺地放慢腳步,當然她還是兩眼直盯著我猛講她的家務事,並沒有意識到經過了這些店家,那是「什麼」讓她放慢了腳步?她已經進入了準備當母親的狀態,所以她的直覺告訴她該去留意哪些事情,不是嗎?也許我們早就該注意到這些,你面對的客戶有哪些習慣?也許這習慣就意味著即將成交,或許是抗拒的訊號,那些生活中被我們忽略的訊息,往往就是對方內在世界的呈現。

艾瑞克森博士有一則有趣的個案故事,亞瑟是個即將在醫學院接受畢業測驗的學生,某日負責測驗他的教授問道:「你能夠通過這次的畢業測驗嗎?」亞瑟神色自若地說:「你的考題我每題都曉得,第一題是……,而第二題是……。」主考官越聽越覺得不對,於是驚訝地問:「你一定是偷看了我的考題,否則為何對考試內容如此了解?不但如此,對於考題的順序竟然也如此清楚,你肯定是偷看了試卷,對不對?」在找來系主任見證的狀況之下,亞瑟拿出自己在課堂上寫的筆記:「這是你一整個學期不斷

強調的重點，我還依照你強調的次數作排列，於是整理出了重點一、重點二、重點三……。」最後系主任說：「你已經通過考試了，你不但認真，且能夠準確掌握授業教授的重點。」故事中的教授以「授業者」的身分講課時，會不自主地強調授課內容的重點，也就是在進入「某特定狀態」時所產生的「自然行動」，即使沒有明確地透露考題，潛意識還是會以不同的方式「標示」出來，也許是說話口氣或出現次數等。

我們可以透過觀察再加以模仿，這就是「**複製卓越**」，是 NLP 重要的信念之一，卓越與成功並非少數人的專利，只要了解核心，就足以找到成功的關鍵，任誰都可以與成功為伍。已故的蘋果公司執行長，於新產品發表會上的肢體說服力，絕對是大大超越了演說的內容，這種自信絕非只是「理性上的勸說」，而是由內向外的肢體展現。

接下來，我將介紹 NLP 的「模仿卓越技巧」，同樣以 VAK 的大腦次感元出發，你可以充分感受到「結合與抽離」所帶來的震撼感受，也可以用來產生新的行為模

式，你可以找個景仰的名人，與他的「**卓越狀態**」
（Excellence Status）結合，並抽離觀看自己當下的行為，
藉由兩者的比對，找到卓越方針的關鍵。

 複製卓越

1　選擇一個你想要學習或改善的議題，例如，經營理念或烹飪
　技巧。

2　以 VAK 建構畫面，並以第三人稱的視點（抽離），觀察自
　己在從事該行為時的肢體動作、呼吸及臉部表情等非口語
　訊息。

3　動一動身子，離開剛才的狀態。

4　找一個在此領域表現很好且擁有成就的卓越人士，例如，嚴
　凱泰或阿基師。

5　在眼前建構一個 VAK 畫面，畫面中的卓越人士在從事該行
　為時非常「得心應手」，此時請觀察他的肢體動作、呼吸深
　淺、說話方式及任何可察覺的線索（此畫面必須又大又亮、
　色彩鮮豔，聲音大又清楚）。

6　檢查他的行事方式與肢體表現是否讓你滿意？如果不滿意可

再尋找另一個卓越人士，直到整體呈現令你滿意為止。

7 動一動身子，離開剛才的狀態。

8 建構與剛才卓越人士相同的畫面，不同的是，這次的主角換
成自己，此時的你看著自己用剛才的卓越狀態（口語與非口
語的呈現）來處理該事件（此時仍是第三人稱的抽離視點）。

9 看著畫面的進行，同時在心裡問問自己：「是否接受這樣的
新行為，並願意接受此新行為所帶來的任何結果？」（整體
考量）。

10 如果答案為「否定」，請回到步驟（4），直到願意接受新的
行為。

11 若答案為「肯定」，請以第一人稱的結合狀態「進入」該畫
面，身體力行這些新的行為與卓越的行事風格（口語與非口
語的呈現）。

12 模擬當未來處理該議題時，你實踐了這些新的行為並且可以
處理得很好。

　　我曾經將這樣的方法，傳授給想要增加魅力的家庭主
婦，她覺得老公對她興趣缺缺，寧可盯著電視上的猛男打
籃球，也不願意多看自己一眼，於是我請她找個「馭男高

手」當做模仿對象，幾天後她帶著羞澀的笑容對我說：「這些招式果然管用！」你從中學習到的不是「什麼方法」而是「什麼狀態」

　　有成千上萬的書籍不斷在強調心態與成就之間的關聯，許多人千方百計地想知道有錢人到底在想什麼，有錢老爸與窮人老爸的腦袋裡裝了什麼，但很多人看完了這些「理論」，依舊搞不清楚自己的腦袋裡到底裝了什麼。而 NLP 最厲害的地方，就是讓你在不知不覺中改變，也許你覺得這些練習好像只是在「玩遊戲」，然而改變的確不需耗費九牛二虎之力，如果能用遊戲的心態改變人生，還有什麼比這更開心的事呢？有人曾經這麼問理察·班德勒：「你代表著什麼？」他幽默地回答：「幽默！」也曾經有人質疑 NLP 沒用，理察·班德勒倒是一派輕鬆地問：「這個沒用的練習你做了嗎？」的確！**NLP 之所以有用，就在於你實際去操作它，一但我們的心態轉變，其效果就會不自覺地在行為中展現**，就像我那個即將身為人母的老朋友一樣，我們都該試試 NLP 所帶來的驚人效果。

◯ 立即擁有超強行動力：
心錨的變化技巧

　　大腦對於未完成的事會產生「焦慮感」，每每想起這些未完成的事，焦慮感就會一再地被「複習」，最後就累積成「完全不想去行動」的思考路徑。拖延有許多不同的成因，但最常見的現象是，人們會找盡一切理由來說服自己，最後焦點都會被轉向於其他的「外在因素」，好比那些不可控的人為失誤，時機點的不適當，或是運氣不好等。

　　有些人害怕的不是拖延，而是行動後可能的失敗，這個「害怕失敗」的感覺會在腦海裡主動建構畫面，然而，這些都可以利用 NLP 的次感元來做一系列的調整，當進入拖延或害怕失敗的內在感受時，你可以留意當中是否有內在對話產生，也可以轉換語氣與說話內容，用足以激勵士氣的語氣說：「完成這事只需要少許的時間就可以了！」

同時建構自己已完成該事的喜悅，這個畫面必須又大又亮、結合當下，並清楚感受到已經成功的感覺，每當拖延感受再出現時，就可以調整次感元單位，擺脫沉溺拖延的慣性迴路。

同樣地，次感元調整也能用來提升行動力，強化完成該事的動機，那些需要去執行的事，往往是一而再、再而三地被往後挪，心裡想著：「等等再做也不遲！」日復一日直到最終期限將至，才熬夜趕工地做完它，然而這件事若是「夢想」，那麼拖延了大半輩子，最後再也沒力氣去做了。

有個問題是，為何你能肚子餓時立刻去吃飯？為何在沒人督促你放假時應該出去玩的情況下，而你卻自動自發地做了？假如你有大吃大喝的習慣，那你只需要再培養一個少量多餐的習慣就可以了，培養習慣是「你早就會的技能」，如果你在一件事上有行動力，那麼你就可以在成千上萬的事情上培養行動力。

這個章節我將再次利用 NLP 的心錨技巧，不同的

是，我們可以在同一個位置累加相似的正面資源，這樣就可以強化該心錨所帶來的威力，請各位先讀完以下的步驟後再開始執行。

 豐富資源的心錨

1 找一件你做得很好且充滿興趣，就算是遭遇困難也能主動克服的事，例如，對運動的熱愛或任何有濃厚興趣的事。

2 在畫面中，請用第一人稱的結合狀態去執行該事，注意此時的 VAK 次感元單位，並留心任何一個可被捕捉的感官證據（此畫面必須色彩鮮豔、又大又亮）。

3 當此感受開始爬升至充滿能量時（心錨的時機），掐緊左手拇指與左手無名指約 10 到 15 秒（第一個資源）。

4 中斷畫面並動一動身體。

5 再找一件你做的很棒，且令你充滿成就感的經驗，例如，企劃非常成功、比賽贏得勝利的經驗。

6 同樣在畫面中以第一人稱去重溫，留心你能看到、聽到及感覺到的任何一個感官訊號（同樣是色彩鮮豔、又大又亮）。

7 當你身歷其境重溫該經驗，感覺全身充滿能量時，掐緊左手

拇指與右手無名指約 10 到 15 秒（第二個資源）。

8 中斷剛才的畫面，動一動身子。

9 啟動此豐富資源的心錨，同時留意內在感受的變化。

10 模擬未來可能出現懶散或拖延的時刻，並啟動豐富資源的心
錨以感受之。

　　心錨是最快也是最有效的 NLP 技巧，所有你想要的
「豐資狀態」都可以被設定，不單只是身體上的觸覺心
錨、聲音歌曲上的聽覺心錨，或燈光、圖像呈現的視覺心
錨，以及嗅味覺上的反覆刺激，只要回溯狀態夠充分，下
錨的時機掌握得當，任何事物都能作為資源啟動器。

　　心錨的其他運用，你可以在特定空間內設置兩個不同
的觸發點，將 A 點設為平靜的情緒反應，B 點設置令人
雀躍的情緒狀態，並想像兩點間有一直線連接，接著從 A
點走至 B 點，留意當中的生理證據變化，此方法為「空
間式的心錨」。當然如果你是從事創意行業的工作者，你
也可以將有創意的狀態設置在 B 點上，就能夠走到該點

激發創意。

當我們處在任何特定的情緒時，皆會出現可觀察的表象徵兆，若是長期累積負面情緒，可能就會形成身體上的壓力，因此你可以透過平時對自我的觀察，改變可能進入負面情緒的「前兆」，並建立一份關於自己各種狀態下的「心錨常模」。

以開放的心態來建立人脈：
改變內在對話

　　我接觸過的幾位銷售員中，有人會與客戶建立起長期的友誼關係，然而其中的一位業務有個不好的毛病，他習慣在談完生意後，就開始他獨特的「人際儀式」，不斷地道起他人的是非，他相信藉由把「秘密」告訴對方，就可以拉近與對方的心理距離。心理學中有所謂的「印象轉嫁」，當你道人是非的同時，這些蜚語會與「你」拉起連結，通常對方只會記得你罵了人，而不會記得你罵了什麼內容，更不會記得你到底罵了誰，他成功地將這些負面訊息輸入對方的腦海，做了一個相當厲害的負面心錨，但這會產生很可怕的雙重效應，當你看到對方與對方看到你，都會是一樣的反應：「負面情緒油然而生」。

　　你一定有過這樣的經驗，你聽著朋友抱怨自己受了委曲，他滿臉通紅地越講越起勁，將這些憤怒一股腦兒地往你身上倒，最後你感覺好似真的被罵了一頓，說完他心裡

舒暢多了，同時你也被他的情緒連結了，當你們下次見面時，他也許會從上次抱怨的話題開始接起，久而久之，他看到你會有莫名的負面情緒產生，而你呢？你就成了對方的情緒垃圾筒。

「克制情緒」確實不容易，因為克制也僅是壓抑，它其實依然存在只是你試著忽視罷了，而情緒越是被壓抑，就越會急著證明自己的存在，所以這就是你在理性層面能做的都做了，卻還不見任何改善的原因，這時候你就可以利用你已經學會的 NLP 心錨技巧與次感元單位，幫助你快速地擺脫這些惱人的情緒。

一位丈夫回到家走進房裡，看見妻子正在睡覺，於是他心想：「現在都幾點了？怎麼還不準備晚餐呢？」這個內在聲音的開始，會刺激他在腦海裡建構畫面，畫面可能是妻子坐在家裡看電視的畫面，於是他又想：「我在外面上班那麼辛苦，她整天都做了些什麼？」結果這些畫面會不斷地建構，直到真正的怒火被點燃為止。

這裡有個重要關鍵，倘若一開始這個丈夫就改變內在

對話的次感元呢？譬如在內在對話開始的同時，進行如同
DVD 快轉般的內在對話速度加快，那麼情緒就會像一串
電腦程式鏈，被從中加了個字母，而轉變成一條沒有意義
的亂碼，於是大腦就會像無法辨認程式（情緒）的電腦一
樣，使內在對話與情緒都停止在此刻，進而從原本膠著的
情緒中抽離出來，去發現其他的可能。所以當你經歷某件
事件而被激怒，光是利用 NLP 的次感元調整，就可以緩
和你當下的不愉快，以下的練習將使用內在對話與心錨技
巧的結合。

 建立正面的內在語彙

1　回想你的經驗中，讓你感受到覺得平靜、緩和的時刻。

2　留心當下所看到、聽到，以及任何感覺得到的感受，以及所
　　有你被觀察的小細節（第一人稱的結合狀態）。

3　讓這份感受滲入身體的每個毛細孔，當你感覺到真實的平靜
　　時，請在內心說出一句足以代表此心境的言語，例如，我擁
　　有正面的態度。

4 中斷狀態，動一動身子。

5 再找一個曾經有過，且仍會再次發生的事件，例如，沒耐心聽對方說話。現階段的你，對於自己的處理方式感到不滿意，想要在未來處理得更好。

6 模擬當這不滿意的事情再次發生時，你說著那句平靜的內在語彙。

7 多找幾個可能出現讓自己發怒的情況，並在感覺情緒受波動的當下，說出那句平靜的語彙。

　　有時候我們或許因為有朋友在場而暫時得以壓抑不愉快，但是沒有被妥善處理的情緒，還是會被累積在身體的某處。已有許多研究證實，壓抑可能帶來的身體疾病，所以你可以透過上面的心錨技巧來好好處理，有效緩和自己的不愉快。

　　現在我們更改一下次感元的練習內容，把負面的內在對話換個語氣說說看，或者使用之前提過的卡通人物，只要任何足以讓你發笑的聲音都可以，那些聽起來滑稽沒有任何說服力的發言，可以讓你的大腦「不再相信」你是真

的受不了;或是找個讓你「不信任」的人,用他的聲音說說那些內在語言,使這些聲音聽起來難以置信。

　　次感元的運用可以讓人激發想像,生活上的任何素材都可以拿來使用,好比發黃老舊的照片次感元,就可以套用在鮮明的負面回憶上,或是破壞畫面的結構,試著把畫面縮到米粒般這麼小,把它推到很遠的地方,像個電視機一樣關掉它,置入一段反差極大的音樂等。

　　你可以花上一整天的時間,像這樣控制你的大腦,我曾經在某個「嚴重失眠」的夜裡,把「非常疲累」的經驗重現在腦海裡,結果我還來不及完全體驗就失去意識了,如果你能妥善運用 NLP 的次感元技巧,你就能有效對你的腦袋輸入指令,那還有什麼事是你辦不到的?

快速戒除壞習慣：「咻！」模式

　　很多人花了許多時間、金錢去戒除壞習慣，但這些壞習慣好像與生俱來一樣，非但丟不掉，嚴重程度還會日益加深，好比抽煙這件事，渾身煙味對於某些人來說，顯然不是一個愉快的經驗，每個人都有想戒除的習慣，而這世界上也有成千上萬的方法，可是這些方法多半只是給了一些戒律，強調犯下戒律會產生的後果，結局是潘朵拉的心理效應，讓這些被禁制的事變得更有趣，最後壞習慣還是忠心耿耿地不離不棄。

　　這裡有個重要的問題，以「酒癮」為例，他們並不是不知道酗酒的壞處，他們當然也想戒掉喝酒，只是喝酒的行為總在有壓力的時候進行，或是工作放鬆的時刻，於是這些在心理上產生了放鬆感的連結，因此在藉除壞習慣時應該考慮的是「正向意圖」。

　　許多人只強調抽煙的壞處，但對於老煙槍來說，其實吞雲吐霧所帶來的，絕非只有尼古丁的作用而已，這項行

為早已跟愉悅感做了很深的連結，因此只在行為上做「壓抑」，反而會激發並活化此行為的「穩固性」，越是被壓抑就越想去做，這些壓抑阻礙了抽煙所帶來的「好處」，心理上反而會加倍地排斥這些「戒菸行動」，所以只是抽到的一口煙，就能輕易地擊垮所有的努力。

「每個行為的背後都有其正向意圖」，就算是他人眼中的壞事，對於當事人也一定有某程度上的心理回饋，所以當我們想以新方案取代舊行為時，就必須保留原有的正向意圖，就是前面所提到的「整體性考量」。再說得更簡單一點，想要戒除壞習慣就必須顧及「新行為能否帶來同樣的好處？」說到這兒，或許又有人會想：「就算我了解該行為的正向意圖，我的戒煙計畫還是難以持續，不是嗎？」現在，你不必再花這麼長的時間忍受折磨人的計畫，連了解正向意圖的時間都省了，這裡介紹一個快速戒除壞習慣的 NLP 技巧：**「咻！」模式**（Swish Pattern）。

利用畫面上的快速飆換，將舊行為與新方案的兩幅畫面快速切換，直到舊行為的畫面難以呈現為止。這個技巧

在使用上相當簡單，首先，我們將原有的舊行為建構成一幅畫面，好比舊行為是抽煙，畫面中的你「正要開始」抽煙，你以第一人稱的結合狀態，看著自己拿著打火機準備點火，這個畫面必須又大又亮又清楚；而另一個畫面則是所欲的新形象，它必須是個「象徵性的形象」，而非某種「具體的行為」，以健康的身體為例，此畫面可能是個健壯男士的形象，此畫面必須是抽離的狀態，另外，必須審慎檢視此新形象，是否為「真正想要的」？你必須認真地問問自己：「我喜歡這個新的形象嗎？我對這個形象有沒有任何疑慮？」如果對畫面有疑慮，基於溝通金字塔的整體性考量，應該要重新尋找其他的新畫面，直到沒有疑慮且完全接受為止，如此才能減少過程中可能的心理阻抗。

 快速擺脫壞習慣

1　在腦海裡以 VAK 建構出「舊行為」的畫面，畫面中的你「正要開始」從事該行為（第一人稱的結合狀態）。

2　此畫面在視覺上的呈現，必須又大又亮且畫質清晰（第一個

畫面）。

3 中斷剛才的狀態，動一動身子。

4 接著在腦海裡以 VAK 建構出「所欲的新形象」，此畫面必須以形象而非具體行為的方式呈現，並以第三人稱的抽離角度看著畫面（第二個畫面）。

5 問問自己：「對於這個新形象是否有任何疑慮？是否真心接受這樣的改變？」若答案為否定，請再尋找其他可行的替代形象，直到完全接受為止。

6 現在將「所欲的新形象」畫面縮得又小又暗，並置放於又大又亮的「舊行為」畫面中心。

7 接著，在嘴裡發出「咻！」的聲音，同時快速切換這兩個畫面，將「所欲的新形象」從原本又小又暗變得又大又亮，取代原本舊行為又大又亮的位置，而舊行為則是縮得又小又暗，並置於畫面最中央。

8 重覆四到五次的快速切換，每次的切換之間，都必須動一動身子，中斷上一次的畫面狀態。

9 當「舊行為」的畫面開始變得不清楚且難以拼湊時，就表示此行為正在被所欲的新形象取代。

10 模擬未來想要從事該舊行為時，腦海裡的呈現為何？

美國 NLP 大師羅伯特‧帝爾茲（Robert Dilts）所提出的邏輯層次，將人類溝通分為六個層級，而「所欲的新形象」在層級上，比起行為／情緒來得更高也更具有影響力，當所欲的新形象已深植腦海時，自然就會把這些不適用的行為趕出腦外，以更高的自我認同去產生新行為。

3
CHAPTER

催眠、誘導與攻心，
透視他人內在的讀心術

解讀對方的大腦策略：表象系統

所謂的「主觀經驗」就是五感中次感元的構成，這些細小的次感元單位，好比畫質、音量等，最後都匯集於腦海裡形成認知，亦是種大腦「編碼排列」的方式，所以因人的不同，對於五感的使用優勢也各有不同，這就形成了每個人在溝通與認知上的差異。

若提到「森林」，你會先想到什麼？有人可能會馬上聯想到高聳而直立的樹群（視覺系統），也有人會聽到蟲鳴鳥叫（聽覺系統），有些人則是森林裡微涼且潮濕的感覺（觸覺系統），這些率先浮現於腦海的感官系統，NLP稱之為「**表象系統**」（Representational Systems）。

表象系統引領著人們去體驗自己的內在模型，這其中也包含了策略方向，商品的購買意願等，它影響著內在思考與外在行動的呈現，以及邏輯上的轉譯與事物的接受度，說得更明白一點，表象系統等同於對方的本土語言，使用對方的「內在語言」與之溝通，就像擁有強大的語言

能力一般，能進入對方的「內心國度」。

首先，我們就以下列的對話進入：

店員：「小姐，這件衣服是當季最流行的顏色。」

顧客：「這衣服穿在我身上恐怕不太適合。」

店員：「不！這衣服的顏色與妳很相配，設計也是最
新穎的。」

顧客：「我再考慮看看好了，謝謝！」

溝通並非只是「把話說出口」，對方的「理解方式」
也是需要考量的重點，同樣一件衣服，兩人所關注的焦點
卻有顯著的不同，即使店員一再強調剪裁與用色上的「視
覺感受」，依然無法提起顧客的興趣，因為顧客更在乎的
是穿在身上的「觸覺感受」。

前面所提到的說服技巧中，其中一項是「滿足基本需
求」，從上述的例子中，我們其實不難發現，店員若能在
第一時間內，理解客戶的真正需求，並針對關注的表象系
統做一有效呼應，那麼就能夠吸引顧客在該商品前停留，

並刺激顧客在腦海裡建構使用該商品的畫面，有效強化購買的動機。

我們將人類的表象系統分為四大類：

視覺型（V＝Visual）

視覺型的人說話快且調性高，行動速度也比一般人快速，對事物的想像力豐富，擅長在腦海中建構美麗的畫面，追求華麗與繽紛，喜愛明亮及顏色大膽的商品，容易被書面、文字等訊息吸引；在感官用語上，可多使用視覺上的描述，例如，明亮、鮮艷、視野、設計等。

聽覺型（A＝Auditory）

聽覺型的人特別重視邏輯，對於溝通時的用字遣詞相當敏感，他們擅於思考事物的合理性與邏輯性，以推銷汽車為例，可「強調」性能之於生活的便利性，合理化這些性能所帶來的便利，抑或是音響等聲音功能。這類的人對於音樂、談話有特別偏好，講話聲音明亮清晰，喜愛參與討論、研究有邏輯性的理論，具有強烈的批判性格。

觸覺型（K＝Kinesthetic）

　　觸覺型喜歡用「感覺」來經驗事物，視線多集中在下方，這樣可以讓他們更快進入內在，習慣將外在訊息化為感受來判斷，因此在溝通細節中，可多讓這類人觸摸質地，或是實際感受、試用，舒適感、操作性往往會是他們關心的議題。另外，在談話過程中有技巧地觸碰他們，可以更快打開親和感，他們的呼吸慢且深，講話聲音較為低沉且集中於下方，許多演員或運動家都偏重於觸覺感受，在說話當下會有觸碰身體的情況。

內在對話型（AD＝Auditory Digital）

　　內在對話型的人喜歡探究其意義，與 A 的聽覺類型有些類似，但不同的是對聲音的細膩度較不敏感，雖然都是探究意義及思考邏輯，但內在對話型多了更多的「自我對話」，也因為常常於內在做「自我對話練習」，這類型的人講話口氣較沉穩 ，可以說出複雜語意的句子，在銷售的溝通技巧上，可以多與他們分析商品的實用度與小巧思，也可以偶爾說出一些像「詩般」的句子，他們會認真思考並領悟出箇中道理，由於常與其他 V、A、K 類型搭

配，所以較無特殊的外在特徵。

表象系統並非星座或十二生肖，把人做徹底「分類」，這麼說你可能會有點失望，但我有個更棒的消息要告訴你，利用眼球轉動的觀察，我們能夠捕捉當事人的策略模式，好比當他說到重要信念時，他的眼球會轉向同一方向，而說到不確定的事情時，就會轉向同個方向。

理查・班德勒的心理研究發現，眼球的轉動會透露出人類的內在過程，這個過程包含了「慣用的模式」及「擅長的感官」，發展出 NLP 特有的眼球線索技巧，我們能夠觀察對方的眼球轉動，以及對方口語上的慣用語彙，針對其慣用的感官系統，做出有利於自己的訊息交流。

當我談及對方眼球轉動的方向時，是以我面對對方的左右方向為基準，而非對方自身的左右方向，以下的圖說明了眼球轉動與表象系統間的關連，線條表示眼球轉動的方向：

這是面對對方時看起來的感官優先系統

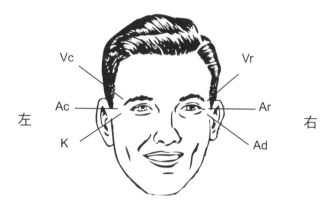

Vc=圖像創造，Vr=圖像回憶，Ac=聲音創造，
Ar=聲音回憶，K=觸覺/身體感覺，Ad=內在對話

那麼如何在對話裡察覺對方的表象系統呢？下列的例
子說明了觀察的要訣：

店員：「你想找什麼類型的房子呢？」

顧客：「嗯！我想想看，它看起來像是……。」（眼
　　　球向上並往右轉）

　　這時候顧客所使用的是視覺（V）中的回憶（r＝remembered），他可能進入回憶中尋找「曾經看過」的房子，或是照片雜誌上的圖像，這時候可使用較多關於「視覺」的用語回應，也可以詢問是否有看過類似的房子？只要循著視覺表象系統，就能夠掌握對方內心對於「理想房子」的條件。

　　鴻海科技總裁郭台銘在接受某次關於培養新生代的談話專訪時提到：「我的私人飛機是自己花錢買的！」這話的背後動機是想強調自己公私分明，說到這類比較觸及「個人信念」的事，他的眼球會往左上轉動，而當他在講到與其他公司夥伴一起行動時，他的眼球則多往左右轉動，因此可以知道他在公事上大多扮演批判者的角色。當他提到將前往大陸創辦大學的計畫，他的眼球即往上轉地說：「可能會找某個名校一起創辦鴻海大學。」表示他已經有理想的人選，說話同時以圖像呈現在眼前，所以下次當你的老闆交代要事時，注意他的眼球轉動，你就知道什麼時候不能嘻皮笑臉了。

　　有些人在做消費決策時，可能會以視覺為前導，接著就進入內在對話，最後向下進入感覺區，所以並不是說視覺型的人就不會使用到其他系統，因此剛開始使用眼球線索時，我們可以測得不只一種表象系統，這時候只需要捕捉對方常用的就行了。

　　曾經有某雜誌寫著這麼一段話：「說謊的人眼球轉往建構的方向！」這是錯誤的觀念，因為對方有可能是利用視覺的建構來確認事物，或是把要說的話重新組合，所以還需要透過與他聊天的過程中去觀察，你可以問問他「確定」的事，看他的眼球轉動如何？再問問那些「不確定」的事，他的眼球會怎麼轉？當然語氣與肢體也會有著不一樣的呈現，如此你就可以輕易地看出，他是否打算買下這個商品。

更多攻心技巧：表象系統的活用

透過眼球線索的觀察，我們可以掌握對方的內在過程，使用慣用的表象系統與之溝通，就能有效呼應對方的內在需求，減少溝通上的誤解。

在同個屋簷下生活的一家人，常會發生類似「訊息轉譯」的障礙，一個表象系統為聽覺型的父親，當聽見觸覺型的小孩說：「這讓我感覺很不好！」聽覺型父親會試著去「理解」這個狀況，因為小孩的話在父親的系統中被轉譯成：「小孩子感覺不好，我有必要去弄清楚這件事。」於是他積極地找出當中的邏輯，並嘗試以理論來說服小孩，對於以觸覺為主的小孩，當然無法理解父親為何要做這些事，他要的可能只是一個擁抱罷了。

課堂上的學生也會因為表象系統的不同，而形成理解老師授課內容的程度差，以觸覺型為主的學生，透過實際操作與筆記抄寫，更容易理解老師所教的內容；聽覺型的學生只需要邊聽邊理解就夠了，然而「看書」對他們而言

可能就不是那麼容易，而視覺型的學生，則喜愛以圖表呈現授課內容。

若你需要寫一份廣告文宣，則可以多方面斟酌文字的運用，盡量以 VAK 的人都能充分感受尤佳，好比：「新穎的設計，寧靜的環境，舒服的感受。」這些都是身為銷售員所必須建立的效率溝通模式，不同的表象系統有著不同的推銷手法。

以下是各表象系統的應對方法：

視覺型（V）：

V 型的人在經驗事物時，會優先採用「視覺」，擅常幻想及建構美麗的畫面，對於繽紛絢麗的色調有強烈的敏銳度，著重於商品設計與外觀佈置，對於「場合」、「體面」這類事有一定程度上的要求，說話及行動速度快，熱愛美術展覽、逛街，多使用視覺來確認事物，所以與人說話時不喜歡太接近對方。

聽覺型（A）：

A 型的人使用聽覺來經驗，對於聲音的品質及其細節

相當敏感，處理事情時容易被周遭的環境音影響，要求文章及言語中的用字遣詞，富有邏輯性及強烈批判性，著重商品裡的實用度及邏輯性，喜歡與人高談闊論，熱愛音樂及深奧理論，說話與行動速度適中。

觸覺型（K）：

K 型的人在認知及感官經驗上，會優先使用觸覺感受，這類人的觸（感）覺用詞會占大多數，例如：感受、害怕、緊張、擔心等，幾乎都是有關於「動作」及「內在感受」的述詞，對於商品則注重舒適度與操作性，因為擅長用肢體來確認事物，所以與人交談時會主動碰觸對方。另外，說話速度較慢，自我碰觸較多也是其特徵。

內在對話型（AD）：

喜歡在內心自言自語，擅長使用大量複雜的語彙，任何事都要探究其意義合理與否，說話方式較穩重，眼睛視線大多集中在下方。

把話說進心坎裡：
表象系統的專用詞彙

任何溝通皆不可能以強制說服的方式進行，也不會有人可以真正被說服，唯有以「先呼應，後引導」的方式，才能取得對方的信賴，進而導向自己所設下的目標。接下來，我們就來學習使用與對方相同的「表象系統語彙」，讓自己能夠與對方站在同一線上，有效讓對方理解自己的說話內容，就可以省下許多說服對方的時間。

人們在被說服的同時，會產生「被否定」的負面感受，好比有人覺得「買保險」不是件必要的事，這時候企圖說服他，或反駁他的論點，也許你的口氣很好，也或許你用了許多「很有道理」的話來告訴他，然而結果通常是他會聽你把話說完，但話說完的那一刻，交易也宣告結束了。

這時候你有幾個方法可以運用，一個是喚起他的內在感受，以及他對於未來生活的美好期待，當然你只負責引

　　導他，你可以問問他：「你理想中的退休生活會是如何呢？」請他自己去描繪，讓他自己喚起美好的內在感受，接著再讓他意識到這些未來生活可能存在的風險，以及風險可能帶來的危害。你得樹立兩個角色，一個是美好的生活，另一個是可惡的風險，接著再提供一套完美的解決的方法，將商品本身變成「解決的方案」。

　　表象系統詞彙簡單又好懂，約略了解過後就能於日常之中練習，而下列表格僅是少部份，中國文字發展是世界上最為悠久，其意義精深且耐人尋味，涉及感官的詞彙可說是不勝枚舉。

視覺型	觀察、見識到、注視著、過目不忘、展示、清晰的、清楚地、一覽無遺、前瞻性、視而不見、賞心悅目、有遠見、明亮、景象
聽覺型	聽見、尖叫、閒聊、討論、言不由衷、弦外之音、如雷貫耳、靜候佳音、輕聲細語、聲名遠播、單調地、低聲呢喃、悅耳地、不平則鳴

觸覺型	埋頭苦幹、心驚膽跳、心有千千結、緊握、冷暖自知、折磨、憤怒、輕鬆、把握良機、倍感舒適、心情愉快、隔靴搔癢、探索、急緩有序
內在對話型	管理、認同、發生、好奇、理解、設想、改變、計畫、繼續、思考、經驗、處理、決策、意義

　　在銷售或談判過程中，以相同的表象語彙交流，就好比使用對方的內在語言一樣，與對方一同遨遊他的內在世界模型。你也可以運用在職場人際，去觀察你的上司，或事業夥伴們的表象系統，以他們的優勢系統詞彙做溝通，就能有效拉近彼此距離，增進人際上的相處。

　　說個題外話，嬰兒初出的表象系統以觸覺為主要，隨著日後的年齡增長、環境改變與工作需要，其表象系統會開始各自發展。

　　這件衣服看起來好漂亮——V（視覺）

　　不曉得我朋友會怎麼稱讚這件衣服——A（聽覺）

　　這衣服穿起來一定會讓人心情愉快——K（觸覺）

NLP Made Easy

　　僅僅是「一件衣服」，就會因為表象系統的不同，而出現不同的感官描述，也許你會這麼想：「有人這麼形容衣服的嗎？」當然這僅是每個人認知上的不同罷了，並沒有「哪個表象系統比較好」的分別。你不擅長的表象系統，都可以經由訓練而變得敏銳，假使你的觸覺不常被使用，你可以多安排肢體上的活動，去從事運動或任何的訓練，人類最理想的狀態，就是能夠悠遊於各感官間。

　　這是大家都有過的經驗，有些人說話時會一直出現「也就是說……」或是「好啦，再看看！」之類的口頭禪，這也是長期習慣於某一表象系統的現象，所以溝通上請盡量使用對方的表象系統詞彙。然而同一件事要如何用不同的表象系統形容呢？這的確不是件容易的事，這些就得仰賴平時的練習了，這裡正好問各位一個問題：「以我的文字來判斷，我的慣用表象系統是什麼呢？」答案是聽覺。

透視對方的內心深處：讀心術訓練

催眠巨擘米爾頓‧艾瑞克森博士，在與個案的催眠診療當中，發展出許多讀心術（Mind Reading）與催眠技巧，他致力於研究人類意識狀態的改變，藉由這些狀態的改變，讓個案透過潛意識層面來解決問題。

人們對於語言的理解，可分為表層涵義與深層涵義，例如：

「我們就到這裡為止了。」

字面上的表層涵義是指「到這裡結束就好」，然而聽者可能會因為內心的過程，而延伸至其他的深層涵義，好比：

「我們是指誰？有哪些人？」

「到這裡的意思是？能否再繼續呢？為什麼不能繼續？」

　　這個簡單的例子告訴我們，我們說話常會失去參考指標，而這些失去的參考指標，正巧給了聽者更大的心理空間，例如：

「我能理解你心裡並不好受。」

這句語言包含了被刪除的過程，例如：

「理解了什麼？」
「心裡哪個部份不好受？」

　　當然聽者不會多加考慮這些，他會直接地認為你理解了他所感受的部份，這有個好處，你不必深入了解其內在感受，因為有時候對方說出負面感受的同時，可能會將此感受與你做連結，你可以繞過它，並讓對方認為你完全理解他的心聲，藉此快速打開信任感，這是艾瑞克森博士在問診過程中，一種特別的讀心術引導。

　　人類大多的生理訊號皆非意識所能夠掌控，好比害羞的臉紅，生氣的呼吸急促，憤怒時緊握拳頭，驚嚇時的臉

部發白，這些都無法刻意被製造出來，因此這些生理上的可見訊號，就成了顯示對方內在過程的警示燈，一但你發現這類的生理訊號，就需要停下來詢問對方的內在感受，你可以這麼問：「我知道你有些感受，那是什麼呢？」彷彿你看見什麼似地，充分掌握談話的主導權，也藉由這樣的詢問，讓對方覺得內在需求被理解。

商業上的運用，應先建立「非口語訊號常模」，在與對方進入「正式話題」之前，先聊些無關緊要的話題，好比一些渡假的開心話題，或是上一次買賣的成功經驗，因為在對方描述的當下，就已經提供了自己的內在過程，加上眼球轉動線索，你就可以建立起此人的內在過程參考指標。

NLP 將這類的觀測方法稱之為「**度測**」，人類在進入任何一種心理狀態時，外在的表徵都會有所改變。你一定有過這樣的經驗，一個不甚熟識的朋友在幾次相處過後，個性與說話方式都有極大的轉變，這就是狀態轉換的最佳例子。前面的章節中，我們已經了解到度測之於溝通的重

要，現在我以艾瑞克森博士的催眠經驗為參考，提供給各位觀察對方狀態轉換的明確指標：

1 鼻子、前額、眼袋與臉頰膚色的改變

2 眼部四周與嘴巴的肌肉變化

3 眼框的濕潤度

4 嘴唇的形狀、移動、顏色

5 呼吸的改變

6 手部的動作與揮動的位置

NLP 創始人之一約翰・葛瑞德曾服務於美國中央情報局（CIA），他同樣使用了這套技術來解讀個人線索，所以一旦你開始使用它，你就已經與 CIA 使用了相同的讀心技巧。

就前述的溝通金字塔來看，了解問題並不一定能夠解決問題，這也是理察・班德勒不滿傳統心理學花了太多時間去探究「原因」，卻忽略了個案最需要的不是了解原因，而是更多的協助與自我探索，好比了解是誰把感冒傳染給你，並不能改善你的感冒問題。因此，與其設下圈套

去窺探對方心思，不如有效喚起他的購買慾，不需要浪費大把的時間去揣測他人怎麼想，你只需要喚起對方的感受並使用「核心提問」，以更直接的方式去滿足對方，控制設定你想要的溝通結果。

所謂的讀心術，其實就是你覺察到了對方身體訊號的改變，或是談話中坐、站姿的轉換等，這些並不是沒有涵意，它表示的就是他們對話題的關注度，是結合於話題或抽離話題。我喜歡觀察人們的互動情形，有次我觀察到一位中年男士與同公司的年輕女性吃飯，一但男生往前靠近說話，女生就稍稍地向後退，顯然他對於該女生的追求還要加把勁才行。有個問題你一定回答得出來，當一個銷售員介紹商品時，客戶邊回答邊將身體反方向移動，那麼他對該話題是結合還是抽離？一個朋友聊天時一直轉動腳踝，請問他想繼續聽還是想離開？把你的回答寄電子郵件給我，我會給你一個意想不到的答案。

不僅僅是語言，人類的動作也可分為表層涵義與深層涵義，這在 NLP 叫做「**後設訊號**」（Meta-Message）。舉

個例子，一對情侶吵得不可開交，其中一方臉部漲紅並呼
吸急促地說：「隨便你，我已經無所謂了，反正你愛怎麼
樣就怎麼樣好了！」這時候的臉部漲紅、呼吸急促就透露
出，對方因為正在生氣，所以他說的這些只是氣話，並不
是真的隨便對方怎麼樣。

業務員可以透過與對方的身體距離，試探與對方的心
理距離，這個方法很簡單，只要在溝通當中慢慢地靠近對
方，若到一個距離對方就不自主地後退，就表示對方還保
有防備，當然不可能臉貼臉地近距離說話，但若前進至一
個範圍就往後退，那就得繼續在談話中打開親和感；同樣
的方法也可以透過隨身物品測得，你的手機靠近對方的手
機，並觀察對方會不會無意間地移開，還有餐具、水杯等
物品。

我自己有個有趣例子，有次我遠遠地看到朋友站在路
邊玩手機，我走上前去問他：「你的心裡在哼歌吧？」他
張大眼驚訝地看著我說：「你怎麼知道？」我告訴他：「你
忘了，我會讀心術啊！」其實他並沒有發現，當他玩手機

的同時，腳尖正輕點著節拍；當交談中有任何的尷尬情況，這類的幽默可以快速打開親和感，幽默就是克服恐懼的良藥，注意身邊的小細節，隨時隨地以自己所觀察的徵兆去開啟話題，這樣就能夠掌握溝通的情勢。

　　放慢腳步去觀察身邊的人事物，也許生活的步伐之快，不允許我們有足夠的時間這麼做，才會有人利用自己所觀察到的「常模」，匯集成冊地出版書籍，以統計學方式將觀察心得歸納成「一套公式」。在此，我還希望各位在接收這類知識的同時，能以自己的觀察來印證其可信度，人類的性格沒有想像中那麼簡單，也並非是一套公式就能控制人心，每個人的背景與生長環境不同，後設訊息的方式也會有很大的不同，所以請努力去印證這些數據，到底緊張的人說話會不會結巴呢？話中的停頓點會不會變多呢？這些表層涵義與深層涵義，並沒有絕對性的關聯。

揭開被隱瞞的事實：
刪減、扭曲及一般化

在這講求效率的時代，連最普通的生活用詞都被精簡化，好比超級跑車被簡稱為超跑、台北車站被稱為北車；因此我們不難想像，語言中有多少重要的訊息被有意無意地刪減，這種表層與深層語言的結構性，被扭曲與刪減的資訊，往往是溝通中最重要的關鍵點。

大腦有個特殊的「信號濾波器」，這個濾波器將人類經驗切割成「極小單位」，這些極小單位的「信號」會標註於腦內的地圖中，地圖裡記載著對於事件的「經驗」與「信念」，任何不符合內在地圖的信息格式，皆會被濾波器給扭曲、刪除，或是轉換成其他可被理解的訊號。

簡單地說，就是將事件中的資訊轉換成能夠符合自我期待的訊息，倘若這些被接收的外在信息當中，有存在著與自我認知相違背的概念，濾波器就會進行「轉譯」或者「刪除」。

以「開門」這件事為例，你無須特地去學習如何開啟房間的門，接著再花時間學習開啟浴室的門，因為你的大腦會透過以往的經驗「比照辦理」，那些你認為不可能成功的事，腦袋裡認為「不可能」的念頭，也是依循著以往經驗所產生的，這些日常的經驗累積，慢慢地成為我們的「世界觀」，小至開門大至人生抉擇，這些存入大腦的信念與價值觀，左右著我們人生的成就，這些功能的好處是，使我們更有效率地處理日常行為，然而它的缺點是，容易使我們太過依賴經驗而產生負面的自我暗示，或慣性地沉溺於沒有出口的循環。

一天會有多少資訊湧入我們的感官？在理性意識層面下，我們難以掌握完整的訊息，好比你看書的同時，就忽略了腳底的感覺，一但你開始注意，又失去讀書時的專注度，這些大量的訊息，大腦必須一一過濾，篩選出與自己理念相符合的訊息，而那些與既定認知違背的理念，大腦也會轉譯成另一種可被理解的訊息，當這些都發揮不了作用時，大腦就會將它刪除。

　　倘若每個事件、訊息，乃至於每個門把，都需要再次耗費時間去學習，人類的社會活動將變得緩慢不堪，光是釐清這些異己的信念，就足以讓人陷入思維上的混亂，因此濾波器的最大功用，就是讓人類的行動變得更有效率，不只在接收訊息時使用它，就連日常生活中的對話裡，也都會使用到這個濾波器，NLP 稱這個濾波器為「刪減、扭曲與一般化」。

　　刪減（Deletion）

　　顧名思義就是「刪除」語言中的次要資訊。當我們描述一件事情或一個經驗時，許多說話者認為不需要的資訊，會被無意識地刪除，這多少也反應了說話者的語言習慣，太過繁瑣的描述與細節的鋪陳，確實會讓聽者無從判斷，而這也會有若干的溝通困擾。各位一定有過類似的經驗，對方陳述一件事情時，常將第三人以「他」來代稱，也許你根本不認識這個人，於是你打斷地問「他是誰？」這時候說話者才意識到你並不認識這個人，但說話者在說話的當下，會以自己的理解來省略該人的名字。

扭曲（Distortion）

為了符合當事人的認知與期待，語言內容會被有「目的性地」扭曲原樣，好比一些誇大其辭的說法，或是無中生有的描述。另外，在行為的層級也會有這類的扭曲行為，好比對人重視或冷落，以及那些過度迷信者，會將生活上的偶發事件扭曲成「未知力量的牽引」，當然這僅是為了符合自己原有的信念。

一般化（Generalization）

單一或偶發的事件，被認定為類似性、普遍如此的。例如，黑人一定很會打籃球，原住民的酒量都很好等，都是以這類泛化概念來分辨異同，強化自我存在感。另外，複合式相等也是一般化的類型之一，好比婚姻是愛情的墳墓、高學歷就能擁有好未來、有錢就能幸福快樂等，A＝B式的泛化認知。

一個關於「交待工作」的運用例子，上司可在交付工作前提起該人的傲人成績，並在對談中透露：「這次的案

子有點棘手，想一借你的長才，以你的能力來說，每次都能做得不錯。」把他過往的成績，以及準備要交付的工作做連結，並暗示他「每次都能做得不錯」，為了符合這個期待，他一定會排除萬難地完成這項案子，因為如果不這麼做，就等同承認自己是個沒有能力的人，而違背了原有的認知，而且也不會因為案子的難度，而認為上司是在刁難自己。

有時候「過度扭曲」甚至會替你帶來「幻覺」，好比身陷醜聞事件的當事人，會在腦海裡建構眾人對他指指點點的畫面，有數不清的人在背地裡取笑自己，直到這些幻想產生了行為反應，開始主動遠離人群，看見有人說話就覺得是在說自己的八卦，最後才赫然發現「根本沒人在意這事，全都是自己編造出來的！」

失敗的經驗也會形成一種徵兆，只要稍稍遭遇挫折，就會有「我一定不會成功！」的內在批判出現，常常是事情還沒開始就自己宣告結束，這也是大腦依據以往的經驗所產生的結果，因此你可以把這些內在批判變得更溫柔、

更激昂，好比「不去試試怎麼知道？勝敗乃兵家常事！」之類的激勵語言，讓大腦扭曲那些會阻礙自己進步的拘束，轉為正向積極的信念。

在人際溝通上的運用，大多數的人在陳述語言時，會有技巧地「刪除」資訊，好比「不了，我現在不需要。」這句話中隱含了被刪除的其他資訊，那麼其他的時間是否需要？真正需要的是什麼？除了你之外，還有其他需要的人嗎？提問者可以用這角度去思考，就可以提高拓展話題的可能性。

當然，在尚未打開親和感前，這類的提問是相當危險的，任何人都不喜歡這樣的逼問技巧，因此在使用上你必須婉轉、有技巧地包裝這些問句，例如：「的確！我能理解你所說的，現在考慮這個真的有點過早，如果日後有可能的話，你覺得什麼時候會使用到它呢？」

◯ 套出對方不想透露的秘密：
後設模式

　　人類有「刪減、扭曲與一般化」的語言特性，因此言語中沒有透露的資訊，有時會是更重要的關鍵，這個章節將介紹可以還原事情真相的 NLP 技巧：「**後設模式**」（Meta-Model）。

　　後設模式的種類眾多，若要分門別類地一一介紹，恐怕會讓各位哈欠連連，所以我盡可能簡化繁瑣的公式，並以簡單的例句為各位示範。

　　首先是「**刪減還原法**」意即從言語中去還原，透析「主體、時間及事件」：

　　「我想我承擔不起。」

　　這句話隱含了許多被刪除的資訊，例如：

　　「承擔不起什麼事情？」（事件）

「哪些人承擔得起？」（主體）

「任何時候都承擔不起嗎？」（時間）

還原簡易文句中的參考依據，主要是還原句中被省略的資訊，當然並非直接「質問」，而是利用柔性的文句包裝，並針對想理解的部份提問。

「他是個壞人。」

同樣包含了許多被省略的部份，例如：

「什麼事讓你覺得他壞？」（事件）

「只有他壞嗎？」（主體）

「任何時間他都是壞人嗎？」（時間）

當然，連珠砲似地提問，容易使當事人產生不悅的抗拒感，尤其當顧客面對銷售員，部屬面對上司時，「質問式」的後設提問，反而會破壞親和感使溝通破局，因此和善的措辭與態度成了重要的關鍵。下面的例子中，一位體脂計銷售員對上門的顧客使用了後設提問：

銷售員：「您可以考慮買一台體脂計。」

顧　客：「不需要，謝謝！」

銷售員：「您說得對！體脂計這樣的器材，就好像從來都跟自己沒有關聯，請問您平時有運動的習慣嗎？」

顧　客：「有的！我慢跑。」

銷售員：「我也常慢跑，我能體會這個運動帶來的好處，您如何計畫自己的慢跑行程呢？通常會在何時？」

顧　客：「在夜間，這樣比較涼爽，也跑得比較久，我會選擇固定的路線。」

銷售員：「的確！夜間的涼爽可以讓自己更專心於慢跑，您當初為什麼會選擇慢跑這個運動呢？」

顧　客：「覺得自己肚子太大了，想找個輕鬆的運動。」

銷售員：「肚子的脂肪常常是最難消除的，有時候光看體重計，很難察覺脂肪的變化。」

當「溝通者」進入訊息交流，通常都是帶著「一種目的」去溝通，循著這個目的，在問答間找尋任何的「可能性」，顧客的「不需要，謝謝！」並非意味著「所有時刻」都不需要，然而有技巧地引導對方意識，讓顧客把焦點轉移到運動的「事件上」，利用這些「可能的時刻」，讓顧客「意識」到脂肪的存在，同時喚起當初使自己運動的動機，以認同式的呼應與複合式相等，將話題做一結合；倘若以「如何從台北到達高雄？」的問題來思考，當飛機停擺時，會不會有其他選擇？飛機停擺到何時？當主體是「從台北到達高雄」時，「飛機停擺」這個事件，是否就變得不再重要？

接著是「**扭曲還原法**」：還原語句中被扭曲的訊息，以下舉例：

「這提案沒有人贊成，大概是我能力很差吧！」

此法的好處，在於回歸事實真相，以上述的「負面對話」為例，當事人已經有了「能力很差」的自我認知，當

NLP Made Easy

事情不如所願，就宿命地把事實歸咎於「能力差」，好符合原有的自我期待，透過「扭曲還原法」，我們能夠幫助朋友擺脫負面思想。另外，一些不必要的「迷信」也可以用此法還原，例如：

「長期投資才能獲利。」

長期投資還需隨時了解趨勢，適當地配置與最後了結，才能真正了解獲利與否，以許多投資人的獲利來分析，也不全然都是長期投資下的結果，單一觀念不能代表所有局勢；我們再來看看下列生活中的例子：

「嘴上無毛，辦事不牢。」

像這類 A（年輕）＝B（壞了事）的觀點，常會造成裹足不前的困擾，好比「年紀大就是老古板」，這種迷信的複合式相等論調，都可以用此還原方式破除，讓當事人擺脫 A＝B 的舊有觀念，例如：

「便宜就是沒好貨。」

這時就可以引導顧客，在原有的經驗中找尋「便宜又好用」的經驗，通常並非直接性的說服，而是自己提供例子，或是迂迴性地提出。

最後是「**一般化還原法**」，我們來看看下面的例子：

「我永遠都不可能辦得到！」

簡單地說，以一種「廣泛、全體性」的觀點來看待事物，將自我能力以「慣性低估」的方式呈現，只要提及「能力」，就一定相同的「結果」，以「男人都用下半身思考」為例，釐清「事情並不能一概性地泛化」，讓當事人用「可能的」開闊認知去思考；上述的例句，我們可以這麼回答：

「如果有個理由能夠讓你辦得到，你認為那是什麼呢？」

「會是什麼阻礙了你？」

打開其他的可能，不被固有的問題箝制，這就是後設

模式最主要的功用。此外，搜尋對自己有利的訊息，找到「何時該切入正題」的時機點，乃至於「話題的延續」，都能夠利用此模式獲得答案，不需要拼命找話題，只需順水推舟地發問就可以了，不過，還請各位不要忘記，在進行後設模式時，要注意親和感的增進與維持。

通訊軟體、網路聊天的溝通術

數位通訊系統的躍進，成了現代人主要的溝通平台，大家可以透過手機或電腦軟體，隨時隨地傳送圖片、音樂及賀卡，有趣的是，使用者之間也慢慢有了網路禮儀的潛規則，當然這些潛規則是無需學習的，只要使用一段時日就自然能明白，然而我們要討論的是「網路溝通的親和感」。

如同前文所提到，「親和感」是溝通的首要條件，沒有敞開心扉的互動，即使再厲害的催眠術也無用武之地，通訊軟體已成為大眾溝通的主流，甚至運用這些軟體的時間，比實際開口多上很多，所以各位一定要擁有打開網路親和感的能力。

快速打開親和感的秘訣就是「讓對方說得越多，就越能取得對方的信任」，這個亙古不變的道理，不論是哪一種形式皆為如此，同樣都是面對「人」，不同的只是「媒介」，只要能夠讓對方說出更多的話，就可以快速打開親

和感，一開始可能沒什麼頭緒，只要順著對方的話來呼應
就好了，讓對方具體感受到反饋，心裡自然就會想要吐露
更多，以下例子供一示範：

> A：「今天中午難得多休息一個小時。」
>
> B：「多休息一個小時？哇，好多啊！怎麼有那麼好
> 　　康的事情？」
>
> A：「公司要接著開會，所以剛好有個空檔。」
>
> B：「那這時間你都在休息？」
>
> A：「沒有，我溜去公司附近的室內高爾夫球場。」

　　就是這麼簡單，只要順著對方的話題走，並利用後設
模式提問，將話題轉到其他「時間、場域或事件上」，讓
對方以類似「自由聯想」的方式，使話題可以無限延伸。
還有另一種「喚出自信」的說話術，在對方熱愛的興趣上
多著墨，暫時讓對方當個「指導者」，而自己像個晚輩求
教於他一般，當對方越說越多，親和感就會不斷向上地提
升。以下的句子提供了示範：

A：「對了！上次聽你提起高爾夫，你玩高爾夫很久
　　了吧？」

B：「沒有沒有，我才剛接觸沒多久，還是個新手
　　啊！」

A：「我上次也摸了一下，好難啊！你有什麼竅門可
　　以教我一下嗎？」

有人虛心地向自己請教，而剛好又是自己熱愛的事
物，我想任誰都會熱情地指導吧！人際相處有個大竅門，
通常在「說話」的同時，就會強化自我認同感，且越是自
己不專門的事，就越想說更多，好證明自己是真的了解，
因此虛心請教並給予認同，等於是直接給予對方「無價的
肯定」，如果這件事真的成了他往後的興趣，那麼當他在
投入這興趣的時候，都會想起你給予的肯定。

　　真正優秀的溝通者，會適時地傾聽對方，各位一定有
過這樣的經驗，心情不好找朋友聊天，聊完了心情就舒坦
許多，即使朋友當下給了你建議，你也一個都記不得，而

且再仔細想想，事情也沒有真的「被解決」，真正被解決的，只有心中「想要宣洩」的感覺。

對商品有抗拒的顧客，店員應該馬上停止推銷，並將焦點轉向「讓顧客表達意見」，顧客的意見表達完了，心裡就會有受尊重的感受，以消費心理學的角度來分析，衝動型的消費行為，大多是建立在「滿足尊嚴」的禮遇條件下進行，只要一句「這是你才有的！」讓顧客感覺被重視，就等同間接滿足了客戶的內在需求，最後只要順水推舟地提及商品就可以了。

另外，當客服人員接到投訴電話時，千萬不要忙著解釋或推卸責任，人在盛怒之下所聽到的理由，反而會助長怒火，應該先等顧客發洩完怒氣後，再以需要呈報上級為由，於稍後或隔幾天主動聯絡說明。

有個學員有講電話就緊張的習慣，我建議他可以先從唸稿開始，把想說的重點先寫於紙上，像唸課文般地說出來，就算是平調也沒有關係，只要能跨越開口的第一步，接下來就是加入說話的情緒，多使用簡單明瞭的辭彙，同

時啟動有自信的心錨。

　　與各位分享一個發生在我週遭的故事，從前我在電腦公司上班的時候，由於工作需要，常常要打電話向客戶確認訂單，因此在電話的使用上，算是比一般工作高出許多，我們當中有個同事，平時說話沒有什麼太大的問題，但只要一講電話就會緊張地結巴，後來我請他連「你好！這裡是電腦公司，請問方便跟您確定訂單內容嗎？」之類的問候語都先寫在紙上，並大聲地唸出來，因為每次說得內容都大同小異，所以自然而然就「背」起來了，如果我現在再遇到這位同事，我就會直接利用 NLP 幫助他了。

說出對方的心事：
冷讀與向上歸類的語態技巧

到底什麼是**冷讀**（Cold Reading）？就是「**在完全不了解對方的情況下，也能準確地讀取對方的內在想法**」，是一種類似算命師的說話術，也是一種讀心的語言模式。

商業上的溝通，多半都有兩個明確的目標，那就是「蒐集資訊與成就交易」，然而並非「詢問」就能讓對方透露實情，還需要在溝通前建立親和感與信賴關係。舉個常見的例子，一個剛踏入職場的年輕小夥子，對於老鳥出自善意的告誡，他一個字也聽不進去，甚至還說前輩是「怕事的老油條！」自己的建言被當成耳邊風，最後只有生氣地大罵：「不懂事的小鬼，隨便你好了！」

這是一部分人的毛病，老是希望自己是別人的開導者，覺得自己的人生歷練豐富，對任何事都有獨到的見解，當然經驗是最好的導師，能夠幫助別人避免冤枉路，在可能的時候給予最大的協助，本質上絕對是善意的，但

問題往往不是出自於「建議有用與否？」而是聽者能不能將話聽進去？或是你說一句他反駁十句，這時候原本的善意就成了情緒。

NLP 的基本假設中提到「抗拒是呼應不足的訊號」，當溝通出現了非預期的反應，或是建議遭到了抗拒，這些都是呼應的環節做得不夠好，冷讀並非 NLP 的一部分，只是它剛好成功運用了「先呼應，後引導」的溝通原則，所以將此技巧分享給各位。

有學員這麼問我：「我又不替人算命，我還能將冷讀使用在哪裡？」冷讀的功用在於製造更多的呼應，讓對方往深層的內在走去，是一種語言上的呼應技巧，當某人說了一句被你認為奇準無比的話時，你自然會對他敞開心防，因此你不必考慮是否改行當算命師，你只需要在與人對話時，把它運用在呼應的層面就夠了。

那些被騙子騙光積蓄的被害人，只有少數是外界所說的被下迷藥，其他多半都是先取得被害人的信任，再趁勢榨乾對方，所以溝通的前提就是「信任」，也就是親和感

的建立，各位可以把冷讀當作溝通的「呼應序曲」，當對方開始自己滔滔不絕地說話，就是親和感加溫的時候，當對方講出越多，其信任就加倍提升，此時若再配合其他非口語的映現，你的溝通能力絕對是如虎添翼。

以下的例子示範了冷讀技巧的運用：

「私底下的你，跟工作時的你是完全不同的個性吧？」

「沒有人能了解真正的自己吧？」

「雖然開朗，但想起那些曾經有過的傷痛，你還是會有點悲觀吧？」

「即使有所懷疑，你始終還是覺得做自己比較好吧？」

所有的句子都以「提問」的方式呈現，其目的在於讓對方進入深層思考，當一有類似的經驗吻合時，對方就會認為「果然有人了解我！」然而這樣也不能太過於得意忘形，此時要趁勢再問：「能說說你難忘的經驗嗎？」

這裡有個使用上的關鍵，**這些疑問句所要的「結果」，並非只是「猜中」對方的心事而已，而是想經由冷讀**

的方式，讓對方主動說出更多，如同前面對於溝通的解釋「當對方說出越多，信任感就會越提升」，言語的多寡通常與層次成正比，表層的言語說完了，接著就是內心的層次，所以才會有一開始只聊些小事，聊到最後兩個人都哭了起來，因為表層的事件用完了，當事人就會「主動透露心事」。

那萬一對方的反應是：「我不是你說得這樣。」此時也不用驚慌，你只需要回答：「這些小事往往會被忽略！」並立刻轉換話題，只要表現出「有很多事是你不曾察覺」的立場即可。以下的對話示範可供參考：

A：「你平常一定是個很認真的人吧？」

B：「有嗎？我覺得自己超懶散的。」

A：「聽你這麼一說，我也覺得自己偶爾會偷懶。」

B：「真的嗎？」

A：「是啊！不過仔細想想，心中還是有很多想實現的夢想吧？」

B：「當然有！」

A：「說說看你最想做的事？」

冷讀其實就是大量使用「難以被具體化」的模糊語句，像是認真、大方、率直、溫柔等，與後設模式相反的語態操作，後設模式是向下釐清事件，而這些抽象名詞採用的則是向上歸類，在催眠裡稱為此種語態操作為「米爾頓模式」。

身為主管若想要激勵員工的士氣與向心力，可以在討論會議時，先把會議的「結果決定好」，接著再讓員工討論小細節，此時可以這麼說：「這次會議的細節部份，我想借助各位的力量來完成，我會彙整各位的想法再做決議。」此時員工不論提出的意見被採用與否，都會有「一定會被彙整起來」的錯覺，不論最後的結果為何，都會覺得自己也盡了一份心力，而產生受尊重的優越感，這就是向上歸類的語態操作技巧。

另一個被反駁時的語態操作，只需要先順著對方的言

語走，然後再舉出「生活或記憶裡是否有類似的情況？」
例如：

A：「最近是否面臨一些惱人的難題呢？」

B：「沒有耶，我最近過得滿順利的。」

A：「你真是個樂觀的人，每個人每天都會做些生活
　　上的抉擇，也會遇到一些不如意的事情，你通
　　常都是怎麼解決的呢？」

B：「這麼一問我反而不知道怎麼回答。」

A：「也是，說說看有什麼困難被順利化解的難忘經
　　驗吧！」

　　當然也並非都像這樣需要套話套個不停，有時候**直接
了當地說**出這些抽象名詞，也會有令人意想不到的效果：

主管：「辛苦了，最近表現得很投入！」

部屬：「啊，沒有！是您過獎了。」

主管：「你的努力我都看在眼裡，繼續加油！」

部屬：「好的，謝謝主管。」

　　當對話進行時，身為部屬就會想：「我最近做了什麼讓主管覺得我很投入？」會在腦海裡拼命找出「相符合的事實」，自然不會有多餘的心力去查證真假，況且沒有人會排斥正面評價，這類的說話技巧對於激勵士氣有相當大的幫助。

　　另一種類似江湖術士的直斷法，可以直接開門見山問：「最近有什麼金錢上的事件嗎？」倘若對方說沒有，就可以語帶輕鬆地說：「沒有最好，最近要小心金錢上的運用！」像這樣的回答，不管怎麼解釋都說得通，這就是許多江湖術士的巧妙說話術。

　　大腦有著許許多多的特點，而這也是冷讀與向上語態操作能夠被實行的最大關鍵，許多人之所以會對算命師說的話深信不疑，原因就在於十件事只要說中一兩樣，大腦就覺得：「這個人說的每一句話都是對的！」而且會不斷地在腦海裡搜尋相關經驗來吻合對方的話，若以大腦的刪除、扭曲與一般化特性來看，所有不準確的事情都會被直接略過不看，因為他需要更多的腦空間來聚焦這些被說中

的事，所以所謂的「準確」真的是準確嗎？有時候可能只
是「符合」當事人的期待而已，若今天有人這麼告訴我：
「你這類型的男人就算不是帥哥，也是個有內涵的人。」
我也會覺得奇準無比呢！因為我內心期待我是個又帥又有
內涵的男人。

催眠大小事

傳統催眠技法

催眠總是給人一種神祕又不可思議的感受，尤其大眾文化對於催眠有著諸多渲染，使用催眠術就彷彿巫師施展法術般，使人瞬間昏眩、失去意識，甚至無法按照自己的意識行動，然而這一切是有可能發生的嗎？在這個章節中，我將帶領你一起揭開催眠的神祕面紗，你將輕鬆地學習傳統催眠手法，以及瞬間催眠的誘導技巧。

傳統催眠技巧分為五個步驟：導入、深化、應用、後催眠與導出。在開始學習之前，我們需要對這些步驟有進一步的理解。首先是導入，導入在任何一種催眠手法都是極為重要的步驟，不論你想要催眠他人或是自我催眠，甚至在口語催眠的高階技巧當中，導入都扮演著催眠是否成功的關鍵。

以催眠他人為例，常見的導入有「漸進式放鬆法」，

你可以請對方以順時鐘的方式放鬆肌肉，從頭頂、額頭、眼皮、臉頰…等部位展開，這裡值得留意的是，盡可能在引導當中強調「對方意識容易忽略的部位」，例如：「你鼻翼的肌肉也慢慢地放鬆了…」由於七正負二與刪減、扭曲、一般化的原理，大腦容易忽略這些細微卻真實存在的部位，然而催眠就在這時候發酵，就好比你看這段文字的同時，你忘記你腳底的感覺，但是你現在又感覺到了，而催眠就在這些細微的關鍵中發生作用。

難以入眠怎麼辦？

如果你時常難以入睡，漸近式放鬆是你最好的入眠良伴，一個人輾轉難眠通常是伴隨著大量的內在對話(Ad)，你會發現他們常在睡前做自我反省，想著這個月的開銷與帳單的麻煩事，或是數羊這種存在大量內在對話的「頭腦體操」，這時候都應該將專注力回歸到觸覺(K)，你會發現一夜好眠不再是難事。

當你逐步引導對方從頭頂開始放鬆到腳，此時你已經可以進行深化步驟，深化顧名思義就是帶領對方進入潛意識的最深處，這聽起來很不可思議，然而操作起來卻異常簡單，你可以建構一個情境，好比森林、海邊、悠閒的沙灘，甚至是神祕的宮殿…等。引導中請對方留意森林的花草樹木（視覺V）；聽聽森林裡的蟲鳴鳥叫（聽覺A）；森林裡泥土與植物的氣味（觸覺K），有人可能會這麼引導：「請你去聞聞這大自然芬多精的味道…」，這種不明確的詞彙較不建議使用，因為不見得所有人對於「大自然」與「芬多精」在味覺上（觸覺K）有足夠的理解，倘若大量使用這類不明確的述詞，會容易使對方從催眠狀態中跳回意識層面。

每個人都可以被催眠？

當你引導對方越來越深入你建構的情境，他的大腦會關閉越來越多環境訊號的接收，你或身邊的人有沒有過專

注想著一件事情，結果錯過了原本要搭的那班車？或是沒聽到會議中討論的重點？因為大腦無法負荷如此龐大的訊息量，所以刪減訊息就成了大腦當下最重要的任務。然而有人可能會這麼問：「所以這些時候我就是在催眠狀態嗎？」這裡我必須強調一件事，所有的心理技巧或是催眠技術，都是人類自然就會產生的「反應」，只是程度上的不同罷了，以催眠的定義來看，光是「發白日夢」這件事就足以將它定義為催眠了，因此我們要學習的是如何去「引發」這些狀態，試想那些有妄想症的人，我們與他的差別又在哪呢？

給予對方催眠指令

接著就是進入第三個步驟「應用」，這裡你可以植入你想給對方的指令，若你從事的是專業催眠工作，你就能夠在這個步驟裡安插個案想要的目標，如果你在上一步驟建構的是森林，那麼森林裡出現的小精靈就可以是指令的

傳遞者，例如，小精靈這麼說：「烏雲散去，陽光壟罩大地，你是開在地上的花」，這段話僅是針對我曾經的一位個案，而每個人的情況不同，指令的安排也就考驗了你的彈性與創造力了。

當然你也可以直白地說出目標，例如：「桌上擺著一盤盤炸得酥脆的雞腿，它們不斷地滴出黃漬漬的肥油，發出難聞的臭味，一陣陣訕笑你的聲音，你感到越來越噁心，就好像你曾經看過的那些腐敗的食物一樣⋯」過程中要不斷地使用視覺、聽覺與觸覺的引導，個案在進行催眠之前的溝通，你都要能充分利用這些資源，如個案受不了身材肥胖被訕笑，以及對於哪些食物感到噁心⋯等，這些資訊的蒐集就成了指令成功與否的關鍵。

施展催眠有幾點需要特別注意，那就是觀察對方的非口語反應，如肌肉鬆弛度、肌膚顏色的改變⋯等，這些關鍵都是催眠是否順利進行的徵兆。另外，引導的語氣也應當配合情境來變換，倘若全程如唱軍歌般雄壯威武，或是像激勵課程一樣振奮人心，對方將難以進入催眠狀態。

被催眠時睡著了怎麼辦？

曾經有人問我：「老師，我買了好多催眠卡帶、CD，常常是聽不到五分鐘就睡著了，這樣該怎麼辦？」我會建議他有空多去補眠，大概是睡眠不足了！當然是開玩笑的，其實會有這樣的結果不意外，因為催眠卡帶、CD是預錄的，裡面的引導者並不會針對被催眠人的反應做調整，而許多催眠引導者一開始就用著催人睡眠的語氣說：「你…感…到…越…來…越…放…鬆」，也難怪催眠成了睡眠，這就是沒有掌握催眠重點的結果，催眠的語氣如何不重要，重要的是對方是否結合在你的深化情境當中。曾經我的一個小朋友個案，他十分害怕氣球，他結合在我提供給他情境中，氣球上印著他最愛的卡通人物，於是他嘗試著與氣球們做朋友，我的語氣如何呢？用他最愛的卡通人物口吻。

睡著了聽得到催眠指令嗎？

　　常有人形容潛意識具有強大力量，由於潛意識屬於不可證實，各心理學派也有著不同的定義，因此許多過度誇大的傳言油然而生，為數不少的催眠老師會提出這樣的論調：「潛意識從不休息，即使睡著了還是聽得到催眠指令喔！」這句話的後半部有那麼丁點矛盾，倘若一個人睡著了也聽得到催眠指令，那何必這麼麻煩將個案導入催眠呢？直接趁他睡著的時候下指令不就得了？訊息的構成仍需要通過「閾值」，這部分在NLP四大導師格雷戈里・貝特森（Gregory Bateson）的相關著作中有著詳盡的說明。一個人睡著了聽得見催眠指令嗎？答案是否定的。這個概念可以延伸到坊間的潛意識行銷，當廣告的受眾群在意識層面沒有發現隱藏訊息時，潛意識自然也會忽略該訊息，訊息等同無效。

確保催眠指令在未來持續發生

在上一階段的指令安置完成後，接著就是「後催眠」的部分，也就是替對方做未來情境的模擬，用意在於讓催眠指令在日後的情境中發生效用，你可以這麼引導：「當未來再看到那些炸雞、漢堡，剛才噁心的感覺會再次浮現，你將徹底遠離它們，選擇那些你想要的、對你健康有益的食物…。」這些建議必須是個案真正想要，倘若引導者給予個案不想要的建議，或是原本目標設定中沒有的建議，此時個案將迅速從催眠中跳回意識層面，整個催眠過程將變得無效，因此在催眠過程中，引導者應避免加入過多自己的信念。

來到了最後一個步驟「導出」，許多人選擇在這個步驟中以「從十開始倒數」的方式使個案清醒，例如：「十，當你聽著我的聲音，你感覺到清醒；九，你感覺到整個人都舒暢了起來；八…」當數到一的時候，請個案張開眼睛，動動身子，回到意識層面，這時候整個催眠就算完成了。

學好催眠的關鍵

　　許多人在學習催眠之初，他們的老師都會要求他們撰寫一份催眠稿，或是由老師提供催眠範本，接著再依這份催眠稿找人練習，這個用意原本是好的，但卻常發生學員只顧著唸稿，完全沒有觀察個案的反應，甚至把個案弄到睡著都不知道，更糟糕的是有人在學完催眠之後，認為真正的收穫是老師發的那份稿子。這裡給大家一個快速學好催眠的訣竅，你可以先在網路搜尋「催眠稿範本」，通常你會找到許多不同的版本，大致閱覽過一遍之後，丟掉稿子直接開始練習，基本上只要掌握「導入、深化、應用、後催眠與導出」這五個步驟，並理解這五個步驟為何而做？相信你很快就可以丟掉這些規範，甚至不需要這五個步驟，直接就催眠他人。

瞬間催眠的誘導技巧

電影中常出現這樣的橋段：催眠師一個彈指，對方就驟然倒下，彷彿輕易地將人操控於股掌之間…。但真有這樣的事嗎？答案是「有」，而且我即將揭曉這個瞬間催眠的秘密。

瞬間催眠意味著將對方從意識層面快速引導至催眠狀態，常見的方式有兩種，一種是讓對方坐在椅子上進入催眠狀態；另一種則是以彈指方式讓對方瞬間倒下。第一種方法較為簡單，步驟是先請對方坐在椅子上，同時施展者以「預放鬆」的引導詞引導對方，例如：「回想任何一次非常放鬆的時刻，你迫不及待地想進入這個感覺…」同時以雙手引導對方的身體順時針方向轉動，過程中可若有似無地鬆開雙手，用以測試對方是否已經「習慣」這個頻率而自行轉動，待確認對方習慣此頻率之後，猛然給予「進！」的指令，將對方的頭或上半身輕壓往下，此時瞬間催眠完成，整個過程約三分鐘不到，可省去大量導入的

時間，尤其對於已體驗過催眠的人，效果更加顯著。

一個彈指瞬間倒下

那麼彈指方式的瞬間催眠該如何使用？分為雙腿發軟、向後倒下等方法，這裡就以較為安全的向後倒下為示範，首先引導對方進入內在的情境建構，例如：「想像你的背後有個舒適柔軟的躺椅，它的材質柔軟無比，躺在上面將感覺到無比的放鬆…」以視覺、聽覺及觸覺的引導詞，讓對方聚焦在躺上去的慾望，接著引導：「當你聽到我的彈指，你可以盡情地躺在這個躺椅上」，接著一個彈指，你會看到個案毫不猶豫地向後倒，當然你得事先安排一位壯漢頂住他，這個方法有許多變形，有人會以「拍肩」的方式引導，作法同樣是以預備放鬆的方式，並且告知對方：「當我拍你的肩膀，你會完完全全地放鬆」，也有催眠師是以口令引導：「當你聽到我的指令，你會雙腿發軟，無法站立。」然不論方式為何，關鍵都在於讓對方進入非常放鬆的狀態。

　　幾個世紀以來，催眠一直是以「被誤解」的姿態存在於社會，甚至連法律都明文規定不得以催眠從事犯罪或誘導他人犯罪，這個可憐的傢伙背負了幾百年的罪名，少數人利用催眠之名行斂財之實，不論是以信仰的方式誆騙，或是耍小聰明的催眠伎倆，然而更多的人藉著催眠重獲新生，他們擺脫了糾纏以久的枷鎖。許多從事醫學與心理相關行業的專業人員，也漸漸地開始學習這門「另類手法」，期盼未來能有更多的人因催眠而更加美好。也許有人會問：「催眠從幾百年前開始就是這五個步驟嗎？傳統催眠之後又發展了什麼？」1970年代，理查‧班德勒與約翰‧葛瑞德的出現，將催眠帶入飛快的噴射時代。

◯催眠技巧的運用（一）：
印象框架

　　也許有人覺得「催眠」是件可怕的事，甚至把它跟神鬼等超能力聯想在一起，其實催眠與暗示頻繁地存在於我們的生活，或許你無法想像自己會被催眠，或是催眠的事發生在生活週遭，其實你早就習慣、也喜歡被催眠的感覺。

　　催眠並不用像卡通般地發出紫藍色的光，或命令他人把財產交出來，倘若真的有這麼屬害的技巧，我一定偷偷藏私，怎麼捨得告訴各位呢？不過，雖然沒有這樣的超能力，卻還是偶有「有人因為被催眠，而把錢財交付於他人」的傳聞事情，更令人驚異地是，這些所謂的「迷魂手法」往往是粗糙拙劣的伎倆，甚至是說出來大家會想笑的事情，但為何還是會有人上當呢？這都是因為技巧本身呼應到了當事人的「慾望」，加劇了那些手法的可行性，好比早期假冒精障人士的騙子，謊稱要高價收購黃金保值，

利率高於現在的市價許多，藉此吸引貪心的婦人變賣黃金，但最後換來的是被報紙包裹住的石頭，因為婦人的貪念在先，高利率就成了對婦人最適合的呼應，在這樣的「有效溝通」之下，婦人就從理性意識進入了變動意識狀態，換句話說就是「你被催眠了！」

而日常生活中的催眠，最常見的就是個人評價、社會地位等自我認同上的議題，當你聚焦於這些足以影響行動與思維的時刻，都可稱為進入催眠狀態，我將在本章節中告訴各位日常生活中可運用的催眠技巧，藉由這些手法，你可以有效增進溝通品質，巧妙地避開那些對自己有所危害的催眠暗示。

首先就是「**印象框架**」，其作用在於主動給予對方「正面評價」，當然你可以設下對事情有所進展的框架。譬如，剛認識不久的朋友，你可以在前幾次的見面當中，特別使用向上歸類的語態，而這個語態就是你給他的框架，好比很會穿衣服、懂得生活品味、有智慧的人等，使用幾次下來，每當對方與你見面時，就會特別加強你所強

調的那項特徵，且希望再次獲得讚美，甚至對方在猶豫不決的當下，你只需要順水推舟地說：「雜誌上也都一致認為這款型號是最具生活品味的！」印象框架之所以有用，就在於人對於專屬自己的正面評價，都會有著努力維持並刻意彰顯的傾向。

　　有個例子是這樣，有次我上街挑選好朋友的生日禮物，我對送禮這件事著實感到頭疼，於是我心裡閃過了「印象框架」這四個字，最後我挑了頂帽子，並在送出的時候強調「平時看你就是個瀟灑的男子漢，這帽子剛好適合這樣的風格。」於是「灑脫的男子漢」就成了烙印在他腦海裡的印象框架，至於「禮物喜不喜歡？」這個問題早就被拋到九霄雲外了，在催眠語態上，這就是向上歸類的語態操作，無法具象化且充滿深層結構的曖昧述詞，可以主動引發聽者進入內在經驗，好比「生命的難關」一詞，有人認為感情是生命的難關，而有的人可能認為疾病才是生命的難關，不同的人會有不同的詮釋與內在過程，然而是什麼並不重要，重要的是利用語言讓對方進入內在，這

就是一種高等的語態操作，也就是一種催眠術。

　　如果你希望身邊的朋友改善壞脾氣，與其說教說得口沫橫飛，不如直接給他一個印象框架，告訴他：「你上次與大家一起吃飯的時候，我突然覺得你是個溫柔的人。」或許他會問：「為什麼？你怎麼會這樣認為？」你可以不必解釋，只需要說：「其實我也不知道，就是一種感覺！」他其實並不是真的想聽原因，只是希望你再多說一點，經過這一次的框架，他日後都會盡力地維護這些框架了。

　　銷售過程同樣也可以使用印象框架，若想要讓對方買下比較高價的產品，可以在進入買賣話題前先給對方「有格調」的框架，或者故意猜測對方一定是老闆級的人物，即使對方不是，也會有一種莫名的優越感，這個優越感其實就是印象框架，待交涉進行到尾聲，再強調欲賣給他的商品格調與高質感，通常對方會為了維持一開始的優越感（框架），而選擇較高價的產品。

　　此法是催眠中最具威力也最容易使用的，原因就在於人有自我認同上的核心需求，所以任何來自他人的評價都

會特別在意，例如，上司覺得你個是有能力的人，老師認為你是難得的好學生，死黨認定你是講義氣的朋友，這些框架對人們造成的影響非同小可，不是常聽說有人為了朋友義氣而犯下滔天大罪嗎？或是不在乎薪水地努力工作，只為了求得在職場上的經驗，這些都是印象框架下所產生的行動，倘若雙方建立在互助互惠的基礎上，那倒是沒什麼太大問題，但為了這些框架而掏出所有，淪為被人利用的工具，那就如同卡通上被操控的魁儡一般無知，不是嗎？

催眠技巧的運用（二）：
催眠式誘導

催眠在心理治療中也常被用來引導個案，以有技巧的方式將個案導向新的選擇，使其不受限於固著的行為，一個有效的催眠引導，會使當事人改變觀點並做出最有利的選擇，這類的手法及語態操作，稱之為「**誘導式催眠**」。

我們先來學習一些日常生活中就可以使用的催眠誘導術，首先是「植入式命令」，我們以下列的句子說明：

「企劃案完成後，就可以好好規劃長假，這幾天假期你想去哪兒？」

聽者會將其重點擺在「規劃長假」，進而加速企劃案的完成，在語態的操作上，儘可能告知這項結果所帶來的好處，而「這幾天你想去哪兒？」此問句包裝在句子的後半部，會讓聽者將焦點轉移至假期所帶來的愉悅感，並使聽者在內心主動「建構」假期可能帶來的歡樂。

母親對於幼童的抗拒，也可以採取類似的引導方式，好比「你先去把門關好，媽媽有個好玩的事要告訴你！」小朋友會將重點擺在「好玩的事」，而非「關門」本身，此法同樣也可以讓小朋友吃藥或寫作業。我們再來看看另一個例子：

「在與你討論薪水的事之前，請你務必監督這個企劃案的運行。」

讓聽者將焦點轉移至「薪水的事」，即使從頭到尾根本沒有加薪的打算，而所謂薪水的事，可以只是一個簡單的討論，也或許是個問卷之類的調查，但聽者會將目標擺在「涉及自我利益」的焦點上，因此不論加薪與否（也許聽者害怕被減薪），都會認真地監督企劃案的運行。

接著是操作語態上的「雙重包裝」，大腦無法同時思考多個問題，過多的疑問句，可以有效模糊並轉移聽者的焦點，我們以下列的句子示範：

「你想吃飯還是吃麵呢？或者我們先去買個喝的？」

句子裡明確地暗示「買個喝的」才是說話者想要的結果，因此在句子的前半部，刻意地包裝了多重選擇，當聽者陷入思考的同時，也進入了所謂的「變動意識狀態」，換句話說就是進入被催眠的狀態，在此狀態下就可以輕易植入指令，而「買個喝的」等同給予聽者全新的選擇，而迫使聽者放棄原有的思考。

每個人或多或少都碰過的例子，麵攤老闆把好吃的麵端到你面前，此時的你可能已經飢腸轆轆，你目不轉睛地盯著那碗麵（進入變動意識狀態），這個時候老闆問了你：「要貢丸湯還是蛋花湯？」你隨口回答了貢丸湯，待老闆一走你就後悔了，因為你根本不想喝湯，所以千萬不要在趕時間的時候買早餐，因為「趕時間」就是進入變動意識狀態，這時候老闆問你要紅茶或是奶茶？你可能連咖啡都不需要。

另一種誘導法是「否定式語態操作」，這個方法可以

讓聽者強迫性思考，由於大腦無法理解「否定詞」，所以必須思考涵義後才可真正理解，所以包裝在否定語態裡的指令，可以強迫聽者進入內在思考，我們來做個實驗：

「現在的你，千萬不能注意腳底的感覺。」

雖然句子是提醒你不要注意，但你還是不自主地把注意力轉移至腳底了吧？這就是否定式的語態操作。

「待會開會時不要想起今天的對話喔！」

心理學有個潘朵拉效應，越是被明文禁止的事，就越有想實行的衝動，青少年被告知不可抽菸，就越會挑起他們想要嘗試的慾望，格林童話中的藍鬍子，主角告知妻子不可以打開「秘密的房門」，以催眠誘導的角度看來，也許主角一開始就設計好要讓妻子打開房門。

在銷售手法上，我們還可以這麼運用：

「其實有個商品……啊！算了，您一定不會有興趣。」

利用句子的多重包裝，將聽者導至原先設定好的結果，這就是誘導式催眠的功用，將話題中斷並加入否定語態，如此絕對能夠大大提升聽者的好奇心。

也有否定式語態運用不當的例子，有個建設公司的老闆來找我，說他的房屋賣價比其他建案都便宜，但銷量卻一直不好，我請他把現有的廣告旗幟拿來給我看看，上頭寫著「你不必花很多錢，就可以買到好房子」，看到這廣告標語的人，會因為否定語的位置，而聯想到「這要花很多錢」，而便宜是他的優勢，我認為沒有必要拐著彎講，所以我建議他把標語改成「好房子，更便宜」。

語態上的操作還有更多不同的手法，例如，想對忙碌的人物提出邀請時，也可以使用「**因果誘導法**」，讓對方的忙碌成為無法推辭的原因，好比：

「我們也想過您的行程一定非常地忙碌，正因為您在業界是舉足輕重的人物，所以我們衷心希望您出席這次的盛會。」

　　「舉足輕重」成了「因」，進而導向「出席盛會」的「果」，能夠將兩件毫無相關的事串聯起來，業務上可以將好處設為因，商品定成為果，強調這些好處源自於交易的成功，讓「擁有商品」變成一件理所當然的事。

　　「因為可以擁有健康的體態，所以控制飲食就成了必要的事。」

　　將顧客想要的改變或好處設為因，商品本身或其功能導為果，如此一來，就能夠強化購買此商品的必要性。上述的例子中，控制飲食成了健康體態的條件，接下來只要將條件與商品連結，顧客的購買慾就可以被有效刺激，大大增加了商品的說服力。

◯最後：你的目標

有個例子是這樣的，老王去電器行買了台微波爐，他仔細端詳說明書裡的一字一句，讀完就將它棄之一旁，有天朋友問他：「你上次不是買了台微波爐嗎？好用嗎？」他告訴朋友：「那東西爛透了，一點用也沒有！」然後你猜他的朋友怎麼說？

NLP 之所以有用，就在於你真的去使用它，許多人喜歡閱讀名言佳句，而他們往往在實踐了之後，才發現箇中涵義比他們所能了解的更加深遠，成功不是文字，而是更實際的體驗。現在，就是你起身去實踐的時刻了！

如果你需要提升自信，增加個人魅力，可以利用NLP 的心錨技巧，或者你需要在銷售時運用它，那麼你可以喚起客戶的購物經驗，並對客戶下個成交心錨。次感元技巧則可以使用在未來模擬，或是調整任何負面情緒及回憶，也能夠用來戒除惡習，這些都是充分利用五感的潛意識行銷手法。

　　問問你身邊的成功人士，找出他們的五感路徑，複製他們的卓越心態，或利用 TOTE 模式來規劃事業與計畫方案的推行。初次見面想讓人喜歡你，或想要有效達成一筆交易，就可以使用映現技巧來呼應對方的內心世界；當遇見溝通卡住時，請使用核心提問技巧、催眠的語態操作、冷讀技術及向上歸類語態。

　　留意外在表象與內在表象的回饋，說話時必須讓對方進入深層內在，呼應內在需求並引導至所欲的結果。時間線的調整也能夠為你帶來心態上的改變，轉換時間線的位置，就能有效管理時間、讓自己專心地衝刺夢想。後設模式讓你留意對方言語中所遺漏的重點，還原被刪減、扭曲及一般化的資訊。眼球線索的解讀，可以用來建立對方的常模，對方說著不確定的事情時，眼球怎麼轉？說著確定的信念時，眼球又如何運作？並運用對方慣用的表象系統與之溝通，即可更快掌握對方的焦點，讓溝通事半功倍。

　　最後，將 NLP 的基本假設充分運用在生活之中，成就屬於你的美好未來。

　　對了！還好我記得要告訴各位答案，那個將微波爐丟在一旁的老王，他的朋友告訴他一件重要的事，那就是：「現在就去使用它！」

結語

　　我與老婆相識時，由於我倆的年紀相差十多歲，溝通上有著一些「障礙」，所謂的障礙，並非相處上的不融洽，而是溝通之於時代所產生的不同習慣，就從我們第一次互傳簡訊開始說起……。

　　說實在，對於年過三十的男人來說，要在手機簡訊裡使用表情符號，實在是件難為情的事，當我猶豫著要不要使用它的時候，我的心裡開始有了內在對話：「管它的，就當作是一種呼應吧！」後來上網查了許多表情符號的用法，我發現到一件令人驚訝的事，數位系統的文字交流，很容易產生接收上的誤解，而表情符號就成了因應此缺陷的對策，這是多麼神奇的一件事啊！把自己的笑臉或哭臉也一併地傳送給對方，這就是非語言感受的另一種「現代表現」。

　　話說回來，NLP 不正是現代人必須學習的現代溝通模式嗎？學習一套新的溝通系統，增強彼此的溝通效率，並進一步地運用在商業管理及其他層面，讓 NLP 真正融入我們的生活，學習用別人的語言來溝通，同理別人的觀

點，這些都需要不斷地練習、不斷地實踐才行。

這是第一本由台灣人執筆的 NLP 書籍，也算是替 NLP 在台灣地區的推廣上，盡些微薄的心力，感謝梁家維先生與譚安宇先生在日文翻譯上的協助，使我能夠精準地分析日本企業人的策略方針，同時也感謝全心策略的袁希老師、葉柔小姐與學員們的鼎力相助。

此時看著書本的你，你的週遭有些聲音，也或許你正經歷著某種感受，你知道這都是改變的開始，現在已經有了些徵兆，也許只有一點點，也許是更明顯的徵兆，你可以持續期待並感受它，直到它真的發生，你會想要告訴我你將如何迎接這個改變，這一定會激發你更多的好奇，而這些好奇將帶領你學習更多，如果你想要了解更多，請造訪我的網站：www.mind-up.com.tw。

由衷地希望各位能與我分享你的生活經驗，例如，NLP 是如何改變了你的人生？每次的溝通中你察覺到了什麼？祝福並感謝你的閱讀，若對本書的內容有任何疑問，歡迎寫信到：contact@mind-up.com.tw，期盼與各位展開美好的相遇。

NLP讓你一切變得更簡單

作　　　　者	金易樟
發　行　人	林敬彬
主　　　編	楊安瑜
編　　　輯	黃谷光、林子揚
內 頁 編 排	林奕慈
封 面 設 計	陳語萱
編 輯 協 力	陳于雯

出　　　版	大都會文化事業有限公司
發　　　行	大都會文化事業有限公司
	11051台北市信義區基隆路一段432號4樓之9
	讀者服務專線：（02）27235216
	讀者服務傳真：（02）27235220
	電子郵件信箱：metro@ms21.hinet.net
	網　　　址：www.metrobook.com.tw

郵 政 劃 撥	14050529　大都會文化事業有限公司
出 版 日 期	2018年10月初版一刷
定　　　價	300元
I S B N	978-986-96672-4-1
書　　　號	Success-091

First published in Taiwan in 2018 by
Metropolitan Culture Enterprise Co., Ltd.
Copyright © 2018 by Metropolitan Culture Enterprise Co., Ltd.

4F-9, Double Hero Bldg., 432, Keelung Rd., Sec. 1,
Taipei 11051, Taiwan
Tel:+886-2-2723-5216　Fax:+886-2-2723-5220
Web-site: www.metrobook.com.tw
E-mail: metro@ms21.hinet.net

◎本書如有缺頁、破損、裝訂錯誤，請寄回本公司更換。

版權所有　翻印必究
Printed in Taiwan. All rights reserved.

國家圖書館出版品預行編目(CIP)資料

NLP讓你一切變得更簡單 / 金易樟著. -- 初版. --
臺北市：大都會文化, 2018.10
240面 ; 14.8×21公分
ISBN 978-986-96672-4-1(平裝)

1.溝通 2.傳播心理學 3.神經語言學

177.1　　　　　　　　　　　　107016524